AF591928

VICTOR BÉRARD

GENÈVE ET LES TRAITÉS

I

1589-1816

LIBRAIRIE ARMAND COLIN
103, BOULEVARD SAINT-MICHEL, PARIS

GENÈVE
ET LES TRAITÉS

DU MÊME AUTEUR

LIBRAIRIE ARMAND COLIN

La Politique du Sultan. In-16 (épuisé).
La Macédoine. In-16, broché.
Les Affaires de Crète. In-16, broché.
L'Angleterre et l'Impérialisme. In-16 (épuisé).
Questions extérieures. In-16, broché.
Pro Macedonia. In-16, broché.
La Révolte de l'Asie. In-16, broché.
L'Empire Russe et le Tsarisme. In-16, broché.
L'Affaire marocaine. In-16, broché.
La France et Guillaume II. In-16, broché.
Le Sultan, l'Islam et les Puissances. In-16, broché.
La Révolution turque. In-16, broché.
La Mort de Stamboul. In-16 (épuisé).
Révolutions de la Perse. In-16, broché.
L' « Éternelle Allemagne ». In-16, broché.
La Serbie. Une brochure in-16.
La Paix française. In-16 (épuisé).

Genève, la France et la Suisse (1815-1927). Quatre vol. in-4° (28×23), 2.076 pages, brochés.

Les Phéniciens et l'Odyssée Nouvelle édition. (Collection Ivoire.) Deux vol. in-8° (13×20), 876 pages, 41 cartes hors texte, brochés.

Les Navigations d'Ulysse. (Collection Ivoire.) Quatre vol. in-8° (13×20), avec figures, planches et cartes hors texte, brochés :

I. Ithaque et la Grèce des Achéens. — II. Pénélope et les Barons des Iles. — III. Calypso et la Mer de l'Atlantide. — IV. Nausicaa et le Retour d'Ulysse.

VICTOR BÉRARD

GENÈVE ET LES TRAITÉS

« J'ai besoin de faire oublier que je fais cause commune avec les persécuteurs acharnés de la France... ».

Lettre de Pictet de Rochemont (11 Novembre 1815).

I

1589-1816

LIBRAIRIE ARMAND COLIN

103, BOULEVARD SAINT-MICHEL, PARIS

1930

A Monsieur

PAUL PICTET,

de Genève.

Permettez-moi, Monsieur, de vous dédier, de vous adresser tout au moins ce petit ouvrage, qui risque de me brouiller définitivement avec nos amis de Genève:

Vous en êtes la cause, encor qu'innocemment.

« A propos du Rapport du 20 octobre 1927, présenté au Sénat français par M. Victor Bérard », — dit le titre un peu long de votre dernier livre « sur les Zones franches de la Haute-Savoie et du Pays de Gex », — vous avez voulu montrer à vos concitoyens l' « Aspect véritable de l'Affaire » et corriger, dans l'ensemble et le détail, « les erreurs très graves », non pas de fait, mais « d'appréciation », que j'avais pu commettre.

Vous regrettez surtout la place que la « littérature » tient en ce *Rapport* sénatorial, où je n'avais jamais cru faire œuvre littéraire. Je m'étonnerais de ce reproche, si je ne savais que le français de Genève a d'intimes ressemblances avec le français-fédéral de Berne, lequel, par l'alémanique de Zurich et de Bâle, s'apparente à l'allemand le plus scientifique.

Sur les 2.204 pages de mon *Rapport,* — vous les avez comptées, — il n'en est pas 100 peut-être qui soient de moi : le reste est une mosaïque ou, plutôt, une olla-podrida de citations plus ou moins disséquées, souvent mutilées, plus souvent encore répétées, fort ennuyeuses pour la plupart, — et de quel style, justes dieux ! — Les textes officiels de la Confédération et de Genève, la prose des Genevois, Bernois, Bâlois, Zurichois et autres Confédérés y tiennent, comme de droit, la grande place. Jamais je n'aurais cru, avant que vous me le dissiez, que je servais de la « littérature » à mes lecteurs français, en leur présentant des *Messages* de votre Conseil fédéral, des *Rapports* de vos Conseils et Comités genevois et des articles de votre *Journal de Genève.*

Je n'avais, en ce *Rapport,* qu'une ambition dont témoigne sa longueur même : réunir pour mes collègues du Sénat toutes les pièces historiques du procès, toutes les citations et références utiles, bref, comme disent à la mode allemande vos universitaires et les nôtres, toute la

Literatur du sujet. C'est, je crois, ce que vous avez voulu dire et, traduite en français de France, votre critique apparente me devient un éloge foncièrement mérité.

Il est deux autres éloges dont vous m'avez comblé: vous m'attribuez de l'esprit et vous me reconnaissez une sincérité complète. Comme je voudrais vous retourner ce double compliment! Mais vous y verriez sans doute une ironie, peut-être même une impertinence. Vous êtes un Genevois de bonne marque et Stendhal, après Voltaire, nous a prévenus qu'à Genève, l'esprit semble une preuve de légèreté:

On y calcule et jamais on n'y rit,

disait le vieillard de Ferney, dont vous avez pourtant imité un exemple:

Un homme parfaitement calculé pour faire horreur aux Genevois, — disait Stendhal, — c'est Voltaire, qui fut si longtemps leur voisin. Voltaire avait fait border son jardin, à droite, par une double rangée de peupliers d'Italie, qu'il appelait ses cache-Pictet. Ce M. Pictet était à ses yeux le représentant du génie genevois et, comme il arrive toujours entre gens d'esprit, l'antipathie était réciproque. M. Pictet était fort savant et fort estimable.

Votre livre n'est, en somme, qu'un « cache-Pictet de Rochemont ». Il semble composé pour faire oublier à vos concitoyens que ce négociateur genevois et fédéral de 1814-1816 a été le véritable créateur des zones et que ses allégations aux trois Congrès de Paris, de Vienne et de Paris sont le fondement des prétentions actuelles de vos « Messieurs du Haut ».

En tête de votre livre, figure un calendrier complet de l'« Affaire »: 3 *et* 20 *novembre* 1815, dates initiales ; 30 *octobre* 1924, date à laquelle vous vous arrêtez. Mais votre texte en prend à son aise avec cette chronologie: quatre pages sur le « Reculement des Douanes en 1815 et 1816 »; cinq pages sur « 1860 »; puis vous sautez au XXe siècle et vous consacrez tout le reste du livre aux vingt années dernières.

Par ce silence sur les périodes les plus importantes de l'« Affaire », on devine les limites et même les sacrifices que votre civisme genevois et votre patriotisme fédéral ont imposés à votre sincérité. Permettez-moi d'y remédier et de rappeler à vos concitoyens, comme à mes compatriotes, que Pictet de Rochemont a existé, qu'il a mis des erreurs, voire des contre-vérités à la base des traités de 1815-1816 et qu'il faut aujourd'hui réparer ses méfaits : tel sera l'objet du présent volume.

Dans un second, je continuerai à compléter votre histoire trop sommaire du XIXe siècle, en exposant comment quatre ou cinq violations de ces traités par vos compatriotes enlèvent aux Genevois d'aujourd'hui tout droit d'en réclamer le maintien.

A défaut d'autres mérites, vous retrouverez ici, j'espère, les mêmes marques de ma complète sincérité et une preuve des sentiments avec lesquels j'ai constaté, Monsieur, l'importance que vous avez bien voulu attacher à mon humble opinion.

Le 21 *septembre* 1930.

V. B.

I

« FRONTIERES NATURELLES »

Vers le milieu du XVIe siècle, la ville impériale, ducale et épiscopale de Genève, ayant chassé l'évêque, son seigneur, et accepté les dures lois de Calvin, proclamait son indépendance religieuse à l'égard de la Papauté et sa liberté souveraine en face de son voisin et ennemi, le duc de Savoie, qui prétendait sur elle à des droits de suzeraineté. Elle allait vivre désormais pour défendre l'une et l'autre, mais aussi pour étendre son territoire jusqu'aux limites où les devoirs de sa mission et les nécessités de son existence l'obligeaient, disait-elle, à pousser et à maintenir ses légitimes réclamations aux dépens du voisin.

Isolée de toutes parts en terres infidèles, enfermée dans le cercle étroit de ses remparts, dont le flot des Amalécites venait battre le pied, la nouvelle Cité de Dieu n'aurait pas assuré son existence et ne pourrait pas, en conséquence, se donner tout entière à sa mission, tant qu'elle n'aurait pas récupéré tout le domaine public et privé, temporel et spirituel, que la piété des générations antérieures avait attribué à son antique église.

Son diocèse catholique n'avait pas compris seulement le Genevois, la petite plaine entre le Rhône, le mont Vuache et le Salève : il avait englobé le Pays de Gex, entre la rive occidentale du lac et le mont Jura, et les deux pays du Chablais et du Faucigny, entre la rive méridionale et les Alpes. C'est l'ensemble de ces territoires qui formait, dans l'esprit des vieux Genevois, qui n'a pas cessé de former, dans l'esprit de certains Genevois, le domaine assigné par la nature et la Providence au Saint-Siège de Calvin.

Car la nature ou, plutôt, la Providence a, dès l'origine des choses, dressé ou creusé les abris qui, seuls, peuvent donner à Genève la pleine sécurité : la chaîne du Jura, au nord du Rhône, le mont Vuache, qui en est la suite sur l'autre rive du fleuve, puis le fossé du lac d'Annecy et la chaîne des Alpes n'apparaissent-ils pas, à première vue de carte ou de pays, comme la frontière impérieusement naturelle ?

A travers toutes les querelles franco-suisses du XIXe siècle, comme dans les plaidoyers genevois d'aujourd'hui, ces frontières naturelles n'ont pas cessé d'être invoquées et, parfois, réclamées par les avocats de cet impérialisme religieux. En 1928 encore, le plus récent d'entre eux, M. Paul Pictet, y revenait pour expliquer les hésitations de la Suisse à recevoir dans sa Confédération la Genève de 1814 :

Il lui fallait des frontières naturelles. Vers l'occident, le pays était ouvert : ou bien la Suisse renoncerait à accueillir dans son sein Genève qui le demandait ou bien cette Genève recevrait un territoire qui irait jusqu'à ses frontières naturelles... La Suisse hésitait à accueillir Genève sans le Pays de Gex, le Chablais et le Faucigny...

Ces prétentions genevoises ont pu, depuis trois siècles, prendre des bornes différentes, tantôt le cercle des proches montagnes, tantôt celui des monts plus éloignés; en 1815, c'était le cours de rivières qui devait amener la plus grande extension; le négociateur genevois exigeait que, du Mont-Blanc jusqu'à Bâle, on prît pour limite de la Confédération les cours du Fier, de la Valserine et du Doubs. Mais l'argument est, pour le fond, toujours resté le même.

De 1815 à 1870, les Genevois posaient à la base de toute politique européenne un syllogisme :

la liberté et sécurité de Genève est indispensable à la paix de l'Europe, au progrès de la civilisation et des idées libérales, à la défense des esprits et des peuples, tant contre la tyrannie religieuse de Rome que contre le despotisme féodal du Savoyard autrefois et contre l'impérialisme napoléonien de la France aujourd'hui; — bref, au bonheur et à la vertu du genre humain;

or, cette liberté et sécurité a toujours été et reste à la merci de ses voisins, qui sont ses ennemis éternels, tant qu'elle n'a pas atteint l'abri de ses frontières naturelles;

donc le devoir de Genève d'abord, de l'Europe

ensuite et de l'univers enfin, est d'assurer à la ville sainte ces frontières indispensables à son Etat pontifical.

De 1870 à 1920, l'impérialisme napoléonien étant tombé, comme le despotisme savoyard, la liberté et sécurité de Genève fut remplacée en ce syllogisme par ses besoins de vie aisée, de ravitaillement commode, de commerce prospère : Genève n'avait pas chez elle un territoire suffisant pour assurer les revenus de ses gros bourgeois et les placements assurés de leur fortune, les profits quotidiens de ses boutiquiers et le recrutement même de son peuple trop peu fécond; elle proclamait donc son droit intangible à l'exploitation économique de tout le territoire devenu français, qu'elle avait espéré jadis enlever au duc de Savoie.

De 1920 à 1930, elle a combiné ces deux ordres de considérations. La France est redevenue le démon de l'impérialisme, déchaîné contre la religion de la paix, dont la ville de Calvin est, par la volonté de M. Wilson, devenue le haut lieu. Les besoins agrandis de Genève, capitale de la Société des Nations, exigent plus indispensablement le maintien de l'exploitation genevoise sur tout ou partie des terres et des populations étrangères, que les traités de 1815-1816 avaient données en ferme à l'héritière du peuple d'Israël, — en attendant le jour où quelque nouvelle convulsion européenne lui permettrait de réclamer et d'obtenir ces fermes en toute propriété.

Quand le traité de Versailles eut annulé les traités de 1815 et quand la Convention des Zones, librement négociée par les gouvernements et définitivement acceptée par les Assemblées des deux pays, eut ruiné ces espoirs de Genève, son *Comité pour le Maintien des Zones* se mit en campagne afin de convertir les Genevois eux-mêmes, puis les Confédérés, à un refus de ratification par voie de referendum. En son *Tract n° 4 : l'Encerclement*, il disait aux premiers :

Genevois, par un temps clair, montez au Salève et, des Treize-Arbres, contemplez votre canton!

La longue bordure du Jura prolonge jusqu'au Fort-de-l'Écluse, le plateau suisse, que limitent le Lac et le Rhône. Plus près de nous, de la même manière, c'est le prolongement du Chablais. Ces deux terres se confondent sous nos yeux dans cette large vallée, au milieu de laquelle, là où se trouve le pont qui reliait déjà les Allobroges et les Helvètes au temps de Jules César, se dresse Genève, *qui rayonne sur la contrée comme elle rayonna sur le monde.*

Quelle harmonie dans ce paysage, et quelle unité! Comme cela semble bien n'être qu'un seul pays! Que d'enclos agrestes et familiers, de maisons éparses, de hameaux d'églises, et que de routes qui viennent de la ville et y retournent! Comme elle s'étend, cette ville, s'étire dans toutes les directions vers la joie des champs, comme si elle était partout chez elle et que rien, sauf les montagnes voisines, ne saurait la retenir!

C'est au haut du Salève français, sous les Treize Arbres français, les deux pieds en terre française, que le Genevois revendique « son » domaine.

Si le Conseil fédéral, les négociateurs de 1921, le Conseil des États et le Conseil national, au lieu de négocier ou de délibérer autour d'un tapis vert au Palais fédéral ou sous la coupole déformante du Palais du Parlement, avaient siégé aux Treize-Arbres, jamais ils n'auraient élaboré ou ratifié la Convention des Zones. Ils auraient compris que la situation respective de Genève et de la région qui l'entoure est unique au monde et combien le régime établi en 1815 et 1816 est adapté exactement à cette condition exceptionnelle. Ils l'auraient amélioré, non supprimé. La Convention des Zones est une œuvre contre nature. Toutes les fois qu'on viole ses lois, la Nature se venge. Et ses vengeances se nomment : gêne, affaiblissement, découragement, déchéance, servitude.

Dans les *Mémoires* et *Contre-Mémoires* suisses de 1929 à la Cour de La Haye, les géographes et cartographes genevois continuent d'afficher leurs prétentions traditionnelles; ils en tirent argument pour le rétablissement des zones franches qui, seules, peuvent assurer leur empire futur sur tout le « Pays de Genève ». Car ce n'est pas le « canton » de Genève, dont un professeur genevois présente une étude à la méditation des juges internationaux: c'est le « Pays de Genève » et, sur sa carte, cette « unité géographique » comprend, — avec le canton genevois, — tout le Pays de Gex, le Genevois français, le Chablais et le Faucigny.

Mise dans le commerce par l'éditeur Payot, cette carte vient à son heure pour rappeler à la Cour de Justice et au Gouvernement français la véritable portée de cette querelle des zones.

Dans ces mêmes *Mémoires et Contre-Mémoires,* les historiographes genevois, en remontant jusqu'aux Helvètes et Allobroges de Jules César, ont accumulé des arguments millénaires pour établir les droits imprescriptibles de Genève sur les bords et rebords de sa « cuvette » : sa vaillance, disent-ils, avait conquis ses frontières naturelles dès la fin du XVIe siècle; mais dès le début du XVIIe, la perfidie française les lui a dérobées.

Au XVIe siècle, tous les territoires enfermés dans ces frontières naturelles, Pays de Gex, Genevois, Chablais et Faucigny, — au total quelque cinq mille kilomètres carrés, — appartenaient à ce puissant duché savoyard, qui valait, à vrai dire, un beau royaume de ce temps, car, de la Saône à la Méditerranée, il déroulait en outre sa longue écharpe de plaines et de montagnes sur les deux versants des grands monts : Bresse, Bugey, Valromey, Savoie, Piémont et comté de Nice se tenaient, sans interruption ni coupure, de Mâcon à Monaco.

En face de ce géant féodal, — quelque quarante mille kilomètres carrés pour le moins, — la petite Genève et ses treize mille habitants ne possédaient qu'un étroit et court rivage du lac, les rives et les îles du Rhône, les marécageuses prairies de l'Arve et une petite banlieue de cultures et de jardins, sous la colline abrupte qui porte encore leur cathédrale de Saint-Pierre, les édifices de leur capitole municipal et les riches demeures de leurs « Messieurs du Haut »; en dehors des remparts, sur les deux rives du fleuve, quelques anciens domaines de l'évêque ou du chapitre, disséminés en rase campagne autour de châteaux-forts, avaient échappé à l'usurpation savoyarde, mais restaient sous le coup d'invasions et de pillages presque annuels : au total, une trentaine à peine de kilomètres carrés en dix ou douze îlots.

Mais Genève pensait avoir des alliés et protecteurs fidèles dans les trois villes et cantons de Berne, Soleure et Zurich et dans le roi de France. Pour ce dernier, du moins, elle ne se trompait pas.

Dès 1570, le roi était intervenu pour ménager dix ans de trêve entre les Genevois et le Savoyard. En 1579, il se rendait aux demandes des gens de Soleure et de Berne, qui, « sur les bruits qui ont par diverses fois couru de plusieurs entreprises et desseins sur la ville de Genève », étaient « entrez en opinion qu'icelle ville venant à changer de main, la paix et tranquillité générale en pourroit estre beaucoup altérée; pour obvier à telles entreprises, ils estoient deliberez de faire entre eux quelque traité pour maintenir et conserver ladite ville de Genève en l'estat qu'elle se retrouvoit ».

Le roi signait donc avec Soleure et Berne un « traité de tuition », qui garantissait l'indépendance et l'intégrité de ses territoires à la ville et cité de Genève, « à la charge que les habitants d'icelle se comporteront envers Sa Majesté et la Couronne de France avec le respect qu'il appartient ». L'article XII définissait au juste ce « respect » : Genève devenait une place française de commerce en temps de paix, une place forte du roi en temps de guerre. Est-il besoin de dire que ni le roi Très-Chrétien, ni les catholiques de Soleure, ni même les Bernois ne prenaient en mains la « défense et conservation » de Genève, pour le seul amour des Genevois ou de Calvin ? Le roi disait qu'il eût été « à souhaiter que ceste ville eust été long temps jà reduicte en cendres, pour la semence de mauvaise doctrine qu'elle a espandue en plusieurs endroictz de la Chrestienté, dont se sont ensuivys infinis maulx, ruines et calamitez ». Les gens de Soleure, comme les autres cantons catholiques, auraient volontiers formé *in petto* ou publiquement le même souhait : ces « papistes » détestaient le nid d'hérétiques, d'où treize mille « enragez » troublaient le repos de toute la chrétienté. Quant aux gens de Berne, ils allaient prouver par leur conduite qu'ils ne défendaient la place de Genève que pour en tenir eux-mêmes la garnison et en annexer à l'occasion les bourgeois ou, du moins, pour obtenir, soit du roi de France, soit du duc de Savoie, leurs sûretés sur le Pays de Vaud, qu'ils venaient de conquérir aux dépens du duc, et leurs avantages sur le Pays de Gex, qu'ils convoitaient en appendice.

Mais les uns et les autres voyaient un intérêt primordial pour leur propre sécurité et indépendance à ne pas abandonner aux attaques, puis à la servitude du duc de Savoie, allié de l'Espagne, cette place de guerre et de commerce, ce pont du Rhône, ce carrefour de routes et d'échanges, qui deviendrait le pivot de la domination espagnole et papiste sur l'Europe occidentale : entre son Milanais, sa Franche-Comté et ses Pays-Bas, Philippe II aurait en Genève savoyarde (le duc était son gendre) l'étape et l'appui pour toute entreprise sur la Suisse, la France, l'Allemagne, la Hollande, voire l'Angleterre. De Milan à Dôle, Gray et Bruxelles, grâce à la complicité des ducs de Savoie et de Lorraine, la route espagnole, devenue la grande artère du continent « hespagnolisé » et contre-réformé, aurait tenu dans l'Occident du XVIe siècle le rôle que tint sous Napoléon Ier la route de Paris à Milan et Venise par Genève et le Simplon.

De 1579 à 1589, Genève et ses treize mille habitants ne survécurent aux attaques et aux trames du Savoyard que par la fidélité du roi de France aux signatures échangées.

Une ambassade de tous les cantons et alliés suisses, sauf Zurich et Berne, venait à Paris adjurer le roi Très-Chrétien (novembre 1582) d'abandonner la protection de Genève : Henri III répondait qu'il entendait ne se soustraire à aucun des engagements contractés par lui. Le premier résultat de cette droiture à la française était d'amener l'accord définitif entre les cantons catholiques, le Savoyard et le gouverneur espagnol du Milanais. Le roi parvenait à interposer néanmoins ses bons offices entre cette coalition et les Genevois.

Mais la trêve ne dura que deux ans : en octobre 1586, tous les cantons catholiques, y compris Soleure, signaient l'alliance « Borromée » contre Berne et contre Genève; de nouveau, ils demandaient au roi de France, qui avait grand besoin de leurs services militaires, de se retirer du traité de Soleure; tout en protestant de son attachement à la « seule vraie religion », Henri III refusait de manquer à sa parole; contre la France, protectrice de Genève, tous les cantons catholiques passaient donc à l'alliance de l'Espagne, et leurs troupes se mettaient au service de la Ligue pour piller le royaume.

En mars 1588, Genève, poussée à bout par les vexations savoyardes et prête « à tout hazarder », fit un pressant appel à ses deux alliés de 1579, Berne et France, qui avaient à se plaindre, elles aussi, des entreprises du duc : il venait d'envahir et d'occuper le marquisat français de Saluces et il tentait de soulever son ancien pays de Vaud contre les baillis bernois.

Berne néanmoins n'entamait la lutte qu'à regret. Elle entrait bientôt avec le duc en des négociations, qui lui valurent une traîtreuse attaque, puis la déroute de son incapable avoyer J. de Watteville. Seule, la France restait délibérément fidèle à la politique de « tuition ». Elle décidait enfin les Bernois à un traité nouveau pour le salut de Genève et de leur Pays de Vaud. Ce fut le traité d'avril 1589, que les magistrats genevois, après nos désastres de 1814-1815, invoqueront devant les Puissances Alliées comme un titre de revendication sur notre Pays de Gex. Sans ce traité, il n'est pas douteux que, malgré le patriotisme, surtout financier, de ses bourgeois et leur farouche confiance dans le Seigneur, Genève aurait disparu de la carte des Etats, écartelée à deux, trois ou quatre, entre la Savoie, Berne et l'Espagne, et la France de 1860 en aurait peut-être en fin de compte recueilli tout l'héritage.

Récupération par le roi de son marquisat de Saluces; maintenance de Berne en son Pays de Vaud; défense et conservation de Genève, ville et territoire : tel était le triple objet de la guerre ouverte que les alliés allaient mener contre la Savoie. Les Genevois n'avaient pas caché à Sancy, l'ambassadeur du roi, qu'avant son arrivée, « toutes choses se préparoient à la guerre contre le duc de Savoie, pour le ressentiment de ses attentats » : avant la signature du traité (29 avril), les troupes de Genève et de ses voisins étaient entrées sur le territoire ducal, avaient occupé Bonne, Saint-Joire, Gex, Ivoire et Thonon.

Les Genevois n'avaient donc pas été entraînés par nous dans l'aventure. Ils l'avaient voulue et ardemment désirée. Mais, voyant quel ardent désir S. M. avait aussi de recouvrer son marquisat de Saluces, — cette porte du Dauphiné sur la vallée du Pô, — ils entendaient bien que, cette fois, le duc et le roi fissent effectivement les frais de leur propre salut et vengeance.

Ils réclamaient un premier lot de territoire aux dépens de la Savoie, pour se payer des « grandissimes et indicibles frais qu'ils avoient été contrains de supporter dès plusieurs années en ça, par le moyen des hostilitez sus-mentionnées ». Le roi promettait de les « remettre en possession du bailliage de Ternier et du mandement de Gaillard, ensemble la souveraineté sur les terres de Saint-Victor et Chapitre, lesquelles terres appartiennent ausdits Seigneurs de Genève, le tout ainsi que les dits Seigneurs de Genève en ont cy-devant joüi ». On ajouterait à cette restitution « les terres adjacentes audit Ternier, le mandement de Vache, Curcille et Chaumont, depuis le Rhône jusques au territoire des Husses ».

Seconde promesse au sujet des prêts que les Genevois avaient consentis et consentiraient encore à Sa Majesté, durant cette guerre qui se ferait « sous son nom et autorité et à ses dépens ». Genève, toujours morale, fournissait au roi Très-Chrétien l'occasion de satisfaire « au devoir d'un bon et légitime prince, qui est obligé d'employer sa vie et ses moyens, non seulement pour conserver ses sujets et son Estat en leur entier, mais aussi pour s'opposer aux desseins de ceux qui manifestent assez par leurs effets le désir et intention qu'ils ont de troubler la paix universelle »... Ici, comme en d'autres rencontres, il se trouvait que la morale *obligeait* les voisins de Genève à servir ses intérêts, à leurs frais et dépens, et que Genève leur rendait le service de les lier par traité à la pratique du devoir et au parti de la vertu.

La dette du roi était fixée à cinquante-cinq mille deux cents écus d'or soleil. En gage de cette dette, Sa Majesté mettait « tous ses biens et domaines presens et à venir, païs, terres et seigneuries, censes, gabelles, rentes, tributs, fruits, revenus, obventions et émolumens quelconques desdits biens, meubles et immeubles de quelque qualité et espèce qu'ils soient ». Mais Genève n'avait pas grand espoir d'être payée jamais par le trésor royal, dont le caractère essentiel était d'être toujours vide. Elle exigeait donc un autre gage plus certain pour elle-même et moins coûteux pour le roi : la possession et souveraineté de tout le pays de Faucigny, « à condition toutefois que Sa Majesté remboursant icelle somme principale avec les intérêts et, ensemble, tout ce que les dits Seigneurs de Genève fourniront pour la présente guerre et pour le service de Sa Majesté, ils seront tenus de rendre et restituer à Sa Majesté ou à qui elle ordonnera le païs de Foussigny avec ses appartenances »...

Une condition essentielle était mise à ces engagements : « Ni les dits Seigneurs de Genève, *ni aucuns de leur part* ne feront paix ni accord avec ledit sieur duc de Savoie, ses successeurs, sujets et adhérans, sans le sçeu et consentement du roi ».

En ce paragraphe important, les Bernois n'étaient pas nommés, bien qu'ils fussent partie au traité : on les englobait sous la désignation générale « ceux de la part de Genève ». Redoutant les attaques des cantons catholiques, Berne ne déclarait pas la guerre au duc, leur allié; elle ne faisait que soutenir, obligée par les traités et la morale tout ensemble, la juste cause de ses alliés de France et de Genève.

Rien dans ce traité public ne spécifiait, non plus, le paiement de Berne. Mais les Genevois, qui s'étaient déjà jetés sur le Pays de Gex, furent, avant la signature du traité, prévenus par les ambassadeurs de France que, « pour engager les Bernois dans cette guerre », le roi leur avait « accordé les bailliages de Gex et de Chablais, qui leur demeureront pour les frais ».

Donc, sur le Savoyard, qui possédait toute la rive méridionale du lac jusqu'à Genève et les deux rives du Rhône au delà, on donnerait la rive gauche du fleuve aux Genevois, la rive droite aux Bernois, et l'on partagerait en deux la rive et l'hinterland du lac : Genève aurait en fin de compte le Genevois et le Faucigny plus proches d'elle; Berne, le Pays de Gex et le Chablais, qui faisaient suite ou face au Pays de Vaud qu'elle avait déjà conquis.

Ce traité de 1589 est le fondement juridique que les Genevois du XVIIe siècle invoquèrent auprès du roi de France, leur « bon ami » Henri IV, que ceux du XVIIIe siècle rappelèrent à Louis XV, que ceux du XIXe siècle ont proclamé devant l'Europe de 1814-1815, puis de 1860, et que ceux du XXe siècle continuent de nous remémorer, pour légitimer toutes leurs réclamations de territoires, d'argent ou de franchises, toutes leurs prétentions d'hypothèques ou d'expectatives.

Ils soutiennent que la souveraineté française sur les terres savoyardes d'autrefois en reste grevée d'une servitude morale et même d'une obligation contractuelle, dont la neutralité militaire de notre Haute-Savoie était hier, dont la franchise douanière des zones gessienne et savoisienne est encore aujourd'hui et doit toujours rester la marque.

Savoyards et Gessiens, qui veulent ne pas être des Français de seconde classe, ont raison de dire que Genève, tant que la dernière de ces marques n'aura pas disparu, gardera sa confiance dans la faveur divine et ses espoirs dans l'aide de nos adversaires ou ennemis pour contester et, si possible, supprimer nos droits de libre propriété sur une portion du territoire national : réduite ou étendue, même restreinte au minimum, toute bande, toute lisière de ce territoire, séparée du reste par notre cordon douanier, serait comme un seuil pour la rentrée des Genevois dans tout le domaine qu'en espoir, s'étaient adjugé leurs ancêtres, la première étape de leur marche reprise vers leurs « frontières naturelles ». L'orateur genevois, M. H. Micheli, nous a prévenus, sans ambages, dans *Le Correspondant* du 10 août 1919 que les zones franches étaient une hypothèque sur notre souveraineté territoriale :

On parle beaucoup de la souveraineté de la France sur les territoires de Gex et de Savoie. Nous sommes au regret d'avoir à le dire : cette souveraineté est historiquement grevée de charges économiques, qui font corps avec le territoire lui-même. Si la France et la Sardaigne n'avaient pas en 1815 accepté ces charges, elles n'auraient pas obtenu la souveraineté. Et, si la Suisse n'avait pas eu la certitude de ces avantages, elle n'aurait pas abandonné les territoires. Il est impossible de dissocier historiquement les deux éléments : les hypothèques et la souveraineté.

Il est un autre raisonnement qui fut porté à la tribune fédérale le 3 avril 1860 :

Ce que le temps n'a pu ni ne pourra abolir, c'est le droit naturel de la Suisse à ce territoire des zones douanières, droit que la France a de fait reconnu à la Suisse le jour où, violant le grand principe qui est à la base de son organisation politique intérieure, — l'égalité des citoyens devant la loi, — elle a placé le Pays de Gex en dehors de sa ligne de douanes et l'a délivré d'une charge qui pèse sur le reste du territoire français.

*
* *

Genève oublie trop volontiers quelle avait été la condition formelle et quelle fut la suite de ce contrat de 1589.

Il en sortit pour la France onze ans de guerres étrangères (1589-1601) qui, entretenant et enrageant nos guerres civiles et religieuses, firent de tout notre territoire un champ d'égorgements, de pendaisons, de « picorages » et de ruines.

La fureur française fut assurément la source principale de ces misères et de ces crimes. Mais non moins assurément telles de nos provinces n'auraient pas connu l'invasion et l'occupation savoyardes, si nous n'avions pas joint notre sort à celui de Genève et nos craintes à celles de Berne.

Il aurait même suffi, pour éviter ces désastres à nos terres et villes du Dauphiné et de la Provence, que, fidèles jusqu'au bout à la parole donnée, nous eussions trouvé chez les Bernois, chez les Genevois eux-mêmes, une fidélité réciproque.

Mais, après six mois de guerre, les Bernois, à l'insu du roi, puis malgré ses vives remontrances, signaient avec le duc une paix séparée et même une alliance (octobre 1589), qui dégageait le roi de tous ses engagements envers eux, mais qui mettait Genève dans les pires dangers. Malgré cette « trahison », — le mot est des historiens genevois, — de « ceux de la part de Genève », la guerre se poursuit.

Durant quatre années, Genève garde la parole qu'elle a jurée pour elle-même et pour tous ceux « de sa part » ; elle ne veut « faire ni paix ni accord avec ledit sieur duc de Savoie, ses successeurs, sujets ou adhérans, sans le sçeu et consentement » de son allié. Elle reste d'autant plus attachée à la France que le nouveau roi, Henri de Navarre, est de sa religion et qu'entre elle et lui, les rapports intimes et les échanges de services sont de longue date. Elle espère qu'il convertira ses peuples à son propre culte, suivant la mode des Etats germaniques. Cet espoir est déçu et l'intimité est détendue par l'abjuration d'Henri IV (1593).

Il s'ensuit une trêve de trois mois, dont Genève profite pour faire, à son tour, sa paix séparée que les Bernois lui ménagent avec le duc. Elle aussi, malgré les conseils et remontrances du roi, viole la condition qui nous obligeait envers elle.

La guerre ne reprend donc qu'entre lui et ses ennemis de Savoie et d'Espagne. Elle dure cinq ans encore, jusqu'à l'épuisement de toutes nos ressources, à la dévastation et au dépeuplement de toutes nos provinces, à la famine, au dénuement, au désespoir de nos peuples. Non seulement Genève, comme Berne, reste en paix, malgré de nouveaux appels du roi : elle négocie et aurait, elle aussi, comme Berne, contracté une alliance avec le duc, s'il avait voulu s'entendre au sujet du Pays de Gex.

Les troupes franco-genevoises avaient occupé ce Pays, « au nom du roi », et y avaient maintenu des garnisons, soldées par le roi, commandées par ses officiers. Le roi en avait confié la garde civile ou, plutôt, l'exploitation aux magistrats de Genève, qui entendaient bien en conserver la jouissance et en obtenir, soit du duc, soit du roi, l'abandon.

Genève n'ignorait pas que le traité de 1589 promettait cette conquête aux Bernois, non pas à elle. Mais pour en conserver l'administration provisoire, tout au moins, elle invoquait ses devoirs envers le roi. Quand le duc, à qui ce bailliage appartenait incontestablement, demandait qu'elle renonçât « à l'usurpation de ce gouvernement », quand Messieurs de Berne, à qui ce bailliage avait été promis et qui le tenaient pour une dépendance naturelle de leur Pays de Vaud, appuyaient les demandes du duc et priaient les Magnifiques Syndics et Conseil de Genève de s'en « déporter » : « Messieurs de Genève, — répondait le Conseil, — tiennent la terre de Gex *au nom du Roy*, et, s'il se faisoit un changement, on attireroit le Roy et contre nous et contre vous ».

Aux gens de Gex, le Conseil parlait une autre langue : « Messieurs du Conseil entendent que ladite terre soit à eux, comme l'ayant acquise par droit de guerre »... C'est ce droit de guerre, fondé sur dix années d'occupation « au nom du roi » (1590-1600), que les Genevois ont invoqué sur Gex durant tout le XIX° siècle et que revendiquent encore leurs avocats devant la Cour de La Haye.

Genève, à l'abri de sa trêve, acquérait ainsi, de la guerre voulue et causée par elle, mais supportée désormais par autrui, des droits pour les siècles à venir. Les belligérants, eux, ne sentaient plus que la lourdeur et la cruauté de cette guerre, dont ils n'espéraient plus aucun profit. Dès 1595, après l'absolution accordée par le pape au « relaps » Henri de Navarre, la paix semblait inévitable, prochaine. Roi et duc se disaient prêts aux concessions sur le premier objet du litige, ce marquisat de Saluces, qui appartenait au roi, que le duc occupait toujours et qu'il voulait conserver : pour ce fief d'outre-monts, le Savoyard inclinait à échanger tout ou partie des domaines qu'il possédait outre-Rhône, Bresse ou Bugey. Les députés de Genève à Paris s'alarmaient de la réconciliation future entre leur ami le roi et leur ennemi le duc; ils conseillaient en vain à la Seigneurie de revenir à l'alliance pour avoir sa part des dépouilles : Genève voulait ne pas croire à la victoire de la France.

La médiation du Saint-Siège aboutissait enfin au traité de Vervins (1598), qui remettait l'affaire à l'arbitrage du Pape, lequel récusa ce périlleux honneur. On convint enfin de l'échange Saluces contre

Bresse. Mais la mauvaise foi du duc ramenant la guerre, ses Etats héréditaires étaient envahis par les troupes françaises, devant qui ses places-fortes, Bourg-en-Bresse, Chambéry, Montmélian, tombaient comme châteaux de cartes (août 1600).

A la veille, puis au cours de ces opérations, Genève reçut encore du roi l'offre et le conseil de revenir à la parole donnée, aux profits certains de l'alliance : de nouveau, elle hésita, voulant douter encore de la victoire française, puis refusa ou s'abstint. Il est probable que ce retour tardif et sans risques lui aurait valu le Pays de Gex qu'elle ne cessait pas d'implorer et dont le roi, libre encore d'en disposer, ne semblait pas plus se soucier, au delà de la Franche-Comté espagnole et du Jura, que du pays de Saluces au delà des Alpes : le fils de Jeanne d'Albret gardait, d'ailleurs, pour la cité de Calvin une tendresse et une indulgence dont il ne demandait qu'à donner des preuves, même aux dépens de son royaume.

La paix se fit à Lyon sous une nouvelle médiation du Saint-Siège (janvier 1601). La défaite et les concessions du duc dépassaient toute attente : en échange de Saluces, il abandonnait au roi toutes les terres qu'il possédait au nord du Rhône, Bresse, Bugey et Valromey, sur l'un des versants du Jura, et Pays de Gex sur l'autre. Mais pour ce dernier, le duc et le médiateur avaient fait stipuler la réserve que les « terres cédées seraient et demeureraient unies et incorporées à la couronne de France, réputées domaine et patrimoine de la Couronne, et n'en pourraient estre séparées pour occasion que ce soit ». Expressément formulée dans l'article de cession, la réserve était impérative et rédhibitoire.

Les Genevois ont voulu n'y voir qu'un bon tour à la béarnaise : Henri IV aurait fait insérer cette condition dans le traité, pour être dans l'impossibilité de remettre à Genève ce bailliage de Gex qu'elle réclamait toujours, malgré les stipulations du contrat avec Berne et malgré sa propre défection envers le roi. Ils oublient volontairement qu'en ces négociations de Lyon, comme autrefois à Vervins, le Pape et son légat tenaient le rôle principal : les désirs de la Papauté dictèrent en réalité cette réserve qui, d'ailleurs, était conforme aux besoins de la catholique Espagne, maîtresse de la Franche-Comté, comme à la sécurité du duc lui-même; le Pays de Gex entre les mains du roi était soustrait à la conversion calviniste et il servait de rempart contre les puissants Bernois aussi bien à la Comté espagnole qu'au duché savoyard.

Mais ici encore, le roi restait fidèle à la « tuition » de ses anciens alliés, Berne et Genève : il les faisait comprendre dans la paix et il donnait une preuve éclatante de ses sentiments envers la Rome de son ancien culte; si Paris lui avait paru valoir une messe, il n'était pas bien sûr que les gens du prêche ne pussent pas quelque jour lui valoir le ciel. Il s'était donc fait céder par le duc, en un article séparé, spécialement et hors réserve, celles des terres gessiennes qui bordaient la rive méridionale du Rhône; il pouvait en disposer; il en fit cadeau à Genève (1604), quand il l'eut encore sauvée des entreprises savoyardes, avant et après cette fameuse nuit de l'Escalade, dont les Genevois continuent de célébrer l'anniversaire (12 décembre) comme d'une victoire de Salamine ou de Marathon : trois cents Savoyards étaient venus appliquer trois échelles contre les murailles; ils étaient montés à l'assaut, mais avaient été rejetés dehors.

Henri IV, qui n'avait pu assurer à Genève le secours des autres Confédérés, — tant les jalousies et les haines religieuses étaient violentes de canton à canton, de ville à ville, — lui vint pécuniairement en aide de 6.000 écus et finit par obliger le duc à entrer en négociations et à signer avec elle le traité de Saint-Julien (juillet 1603), qui, sans reconnaître encore la libre souveraineté de la République, non seulement ne contredisait plus à son indépendance, mais lui restituait certaines terres occupées depuis quinze ans, lui confirmait et renouvelait tous ses privilèges de commerce sur les terres ducales et s'interdisait toutes forteresses, garnisons et réunions de troupes à quatre lieues de Genève...

En 1605, Henri IV achevait son œuvre, en faisant entrer Zurich dans la ligue renouvelée de Berne, Soleure et la France, « pour la défense et conservation de la ville de Genève ».

Henri IV avait presque doublé le territoire de Genève, par sa donation des terres gessiennes. Rien, après le parjure de Genève, ne l'obligeait à cette donation toute gratuite, qu'il n'avait jamais promise et que, seul, son faible pour la ville de Calvin valait à cet allié défaillant (1). Les Genevois néanmoins n'ont pas cessé, depuis un siècle, de dénoncer la mauvaise foi de ce partenaire, qui leur aurait enlevé « leur » Pays de Gex, après leur en avoir reconnu la propriété, — disent-ils.

C'est l'une des nombreuses contre-vérités dont l'impérialisme des « gens du Haut » a empoisonné les relations des deux peuples. Il a été reconnu par les historiens genevois eux-mêmes que jamais Henri IV n'avait voulu entendre aux demandes de Genève sur ce point. A maintes reprises, en effet, de 1590 à 1601, elle insista pour obtenir la propriété définitive de ce Pays de Gex, dont le roi, gardant les charges, lui avait confié la gérance provisoire et ses bénéfices. En 1600, en particulier, quand la guerre contre les Savoyards amena Henri IV aux frontières genevoises, une députation vint lui renouveler la supplique, en demandant, par surcroît, la garantie française contre toute

(1) Une seconde condition du traité de 1589 n'avait pas été mieux respectée par les Genevois. « Il avait été formellement convenu que rien ne serait innové ni changé du fait de la religion aux pays qui seront conquis sur ledit sieur duc de Savoie ». A peine mise en la garde du pays de Gex, Genève, s'efforçant de le convertir à sa foi, y installait temples et ministres. La politique se mêlait au zèle religieux : la seigneurie voulait se créer un parti de réformés qui ne demanderaient plus qu'à devenir genevois, pour ne rentrer ni sous la rancune du duc ni sous les foudres du Pape ni sous l'administration du roi de France...

réclamation possible du duc, propriétaire actuel, et des Bernois, candidats attributaires de par le contrat de 1589.

Henri IV n'acquiesça pas plus cette fois que les autres; il garda ses cordiales manières, sourit, railla ces bons amis qui, n'ayant pas voulu combattre, accouraient maintenant au partage, goguenarda, mais refusa toutes autres promesses que la démolition immédiate du fort savoyard de Sainte-Catherine qui, proche de la ville, leur était une menace et une gêne perpétuelles.

Le fort fut aussitôt rasé (1), malgré les prières de l'ambassadeur de Savoie, qui était venu traiter de la paix. Les Genevois satisfaits avaient envoyé deux pièces d'artillerie et trois cents pionniers pour entamer, puis six cents manœuvres pour démolir cette forteresse de malheur. Ils en rapportèrent « quatre canons, quatre petites cloches, quinze cents livres de poudre et six cents boulets ». C'est « l'aide pour la conquête du pays de Gex en 1601 » que certains réclamants des frontières naturelles ont invoquée parfois en faveur de Genève contre le « parjure » Béarnais.

Genève n'avait pourtant pas renoncé au Pays de Gex. Elle entourait Henri IV de conseillers, — tel le fameux maréchal de Biron, le futur traître, dont

(1) C'est le vieux Théodore de Bèze qui vint demander et qui obtint cette démolition; mais il ne demanda rien et, par suite, n'obtint rien au sujet de Gex. Les historiens genevois, qui nous décrivent par le menu son audience auprès du roi, sont des plus affirmatifs là-dessus. Cf. E. Gaullieur, *Genève...*, p. 105.

elle soldait la bienveillance et qui s'en allait, répétant « qu'après Dieu, Genève était cause que le roi eût sa couronne en tête ». — Elle envoyait des députés à Lyon, pendant les négociations dernières, solliciter encore cette place qu'ils « disaient être à leur convenance », mais sur lesquels ils ne revendiquaient pas d'autre titre que le bon vouloir de S. M. Ils n'obtinrent encore aucun engagement : le roi évita même ostensiblement toute conversation intime.

On ne voit pas qu'au long des XVIIe et XVIIIe siècles, Genève ait contesté la souveraineté définitive de la France sur ce Pays. Par contre, les fils et petits-fils d'Henri IV auraient pu prêter l'oreille aux justes doléances de l'évêque d'Annecy, — évêque catholique de Genève, réfugié en terre savoyarde, — qui réclamait en ses paroisses catholiques de Gex la dîme, dont Genève ou certains Genevois faisaient indûment la levée. Le roi aurait pu écouter aussi ses légistes, qui avaient découvert dix bonnes raisons de revenir sur la donation d'Henri IV et de reprendre, pour les « réunir à nouveau », les terres gessiennes d'outre-Rhône. Mais, durant deux siècles, tous nos rois mirent le respect de l'alliance traditionnelle et « l'intérêt de leur couronne » au maintien de leur amitié protectrice sur Genève.

Louis XIV lui-même, quand ses Chambres de Réunion auraient pu assigner le même sort à Genève qu'à Strasbourg et quand son confesseur, le R. P. de la Chaise, l'incitait à mieux servir les intérêts du catholicisme, Louis XIV, désireux de garder la paix avec ces hérétiques, faisait passer cet intérêt de sa couronne devant le « souci de sa gloire » et tolérait des Genevois tels refus, telles insultes et même tels attentats, dont tout autre de ses voisins aurait eu à rendre un compte sévère.

Genève l'en remerciait en prenant contre lui la cause de son ennemi, le perfide Victor-Amédée II de Savoie (1703-1704) : afin d'avoir les mains libres contre les possessions italiennes du Bourbon d'Espagne, petit-fils de France, ce duc, qui venait de trahir le roi, demandait « au Louable Corps Helvétique d'entrer dans ses intérêts, au moins pour mettre à couvert la Savoie de l'invasion française », en l'agrégeant à la neutralité des Louables Cantons.

Louis XIV demandait le rejet de cette demande « entièrement contraire à ses intérêts ». Les Genevois appuyèrent chaleureusement auprès des Magnifiques Seigneurs de Berne la requête ducale, qui se fit plus modeste, ne visant plus qu'à l'occupation militaire par les Confédérés, soit de tout le duché, soit, au moins, des trois provinces « lémaniques », Genevois, Chablais et Faucigny. La Genève du XVIe siècle avait eu sur ces trois provinces les espoirs que la Genève du XIXe allait reprendre et presque réaliser : occupation provisoire ou neutralité définitive, double marche possible vers l'acquisition des frontières naturelles sur les flancs oriental et méridional de la République !... Louis XIV l'emporta auprès des Louables

Cantons, moyennant la promesse qu'à la paix, il ne réunirait pas la Savoie à son royaume... Genève pouvait donc conserver ses espoirs, mais devait les remettre à des temps plus favorables.

En 1740, de nouveau, le duc Charles-Emmanuel III demandait aux Confédérés de lui accorder et garantir cette neutralité du Genevois, du Chablais et du Faucigny : il voulait déclarer la guerre aux deux Bourbons d'Espagne et de France pour s'emparer du Milanais espagnol. Le roi fit de nouveau repousser la requête, dont Genève, cette fois, paraît s'être désintéressée.

Elle avait de bien plus graves soucis : elle était au plus fort de ces divisions intestines qui, tout au long du XVIIIe siècle, de 1707 à 1798, dégénéraient parfois en guerres civiles et nécessitaient, à cinq reprises, la médiation du roi, « protecteur » de la République, entre les partis en armes.

Une lutte ardente pour l'extension et la liberté du suffrage mettait aux prises les *bourgeois* avec les *natifs*, les *habitants* et les autres classes du peuple, qui réclamaient une participation au pouvoir : les *mamelus* du haut défendaient la tradition aristocratique; les *natifs* du bas tenaient pour la souveraineté populaire. Libelles, pamphlets, procès, séditions, ligues, révoltes de la foule contre le « Noble Magistrat », prises d'armes, « tamponnement » des canons de la seigneurie, suspensions de bourgeoisie, sentences capitales du Magnifique Conseil, bannissements, exécutions en effigie, rien ne manqua à ces troubles, qui pût faire envier la vieille Athènes des Trente Tyrans à la Genève des Vingt-Cinq. L'indépendance genevoise y aurait sombré par deux fois au moins, si le roi de France avait eu le demi-quart des mauvaises intentions que lui prêtait l'ombrageuse Genève, s'il eût seulement donné les mains à quelque arrangement avec les gens de Berne et le Savoyard, tout disposés à un honnête partage.

Mais jusqu'aux derniers jours de l'Ancien Régime, la royauté française exerça sa protection traditionnelle avec le désintéressement le plus complet : même quand ses troupes durent intervenir, assiéger et occuper la ville pour éviter ou arrêter les tueries réciproques (1782), le roi se hâta de remettre le pouvoir aux magistrats légitimes et rappela ses gens, sans vouloir profiter de la tentation des circonstances; outre la connivence de ses co-médiateurs, Berne et Turin, il aurait trouvé parmi les Genevois de 1780-1789 les mêmes complicités qui, dix ans plus tard, appelèrent et installèrent l'annexion française.

Si, de 1798 à 1814, Genève devint et demeura le chef-lieu d'un département français, les plus patriotes des historiens genevois (1) reconnaissent que « les Genevois ne furent pas exclusivement les victimes de cette politique d'oppression »; ils en furent, pour une grande part, les auteurs respon-

(1) Je renvoie le lecteur aux savants ouvrages de M. Fr. Barbey, *Félix Desportes et l'Annexion de Genève*, de M. Ch. Borgeaud, *Histoire de l'Université de Genève*, et E. Chapuisat, *Registres... de Genève pendant la Domination française*.

sables d'abord, puis les bénéficiaires pour une part plus grande encore, — nous dit M. Fr. Barbey, étudiant le rôle du résident de France, Fr. Desportes, en cette annexion :

Depuis cent ans, la cité de Calvin était déchirée par des luttes intérieures. Tout le XVIIIe siècle fut rempli de l'histoire compliquée des émeutes populaires, des tentatives de pacification et de médiation étrangères. La Révolution accrut encore ces désordres. Quand Desportes arriva à Genève, il y trouva une ville déchirée par la guerre civile où les citoyens, partagés en deux camps, venaient de s'entre-tuer. Les « prises d'armes » étaient constantes; la rue, livrée aux anarchistes; le Conseil, sans autorité. On le vit bien dans les journées de juillet 1796. Sans l'arrivée du résident de France s'interposant entre les partis, Genève subissait de nouveau les tueries de 1794.

Cet état d'anarchie nécessita l'ingérence de Desportes dans les affaires genevoises et, en fin de compte, l'annexion.

Dès 1795, le député de Genève à Paris, Reybaz, découragé par les nouvelles de ces haines civiles et par les intrigues de certains Genevois en faveur de l'annexion, écrivait à son gouvernement :

Le Comité de Salut public paraît si persuadé que les troubles de Genève et la guerre civile, qui en est la suite, scandalisent tous les Etats de l'Europe, qu'il ne met pas en doute qu'ils ne sussent bon gré à la France d'y mettre fin, en rendant ensuite à Genève sa liberté et son indépendance, après l'éclipse qu'elle aurait souffert. Je ne puis penser sans frémir à une extrémité si humiliante pour nous et, par conséquent, je ne puis voir, sans affliction la plus amère, la déplorable conduite *d'une partie de nos concitoyens, qui appellent cette extrémité et semblent la faire entrer dans leurs plans de subversion et de ruine.*

Trente ans plus tard, l'historien de la *Restauration de Genève,* le genevois G. Mallet, avouait, lui aussi, les lourdes responsabilités de ses concitoyens dans cette funeste époque : « Quand nous fûmes pris par la France, nous sortions de la révolution de 1794. Les quinze années de mort politique qui suivirent étaient nécessaires pour amortir de tristes souvenirs et faire cesser de longues habitudes de ressentiment ».

M. Fr. Barbey conclut : « Oui, la conquête française fut un déplorable acte de violence, mais aussi une leçon méritée et salutaire. A cent ans d'éloignement, l'histoire sereine et impartiale conduit à cette conclusion... »

Personne ne conteste, d'ailleurs, même parmi les plus gallophobes des « gens du Haut », que les Genevois, après les quatorze années de tyrannie napoléonienne, aient obtenu des traités de 1814-1815, tant en argent qu'en territoire, toutes réparations, — et dix fois au delà, — du tort matériel que la France avait pu leur causer.

Personne ne conteste davantage les bénéfices qu'elle leur avait valus : elle leur avait enlevé des armes, des canons, des provisions et des capitaux; mais elle leur avait assuré seize années d'abondance, de tranquillité et de paix, quand l'Europe entière était ravagée, quand l'Angleterre elle-même était affamée et ruinée par les guerres.

La route napoléonienne Paris-Milan par Genève et le Simplon fit peser sur l'Italie le piétinement de nos armées et le joug de notre impérialisme libérateur, mais ne valut aux Genevois que les profits de son transit et, dans les communications européennes, un rôle que Genève perdit ensuite avec ce « courrier du Simplon », dont les six et huit chevaux dévalaient les pentes du Jura; les chemins de fer lui ont enlevé ce rôle; elle ne pourra, quelque jour, le ressaisir que par un complément d'intimité ferroviaire avec la France.

Les habiles Genevois de 1900-1910 avaient médité le chapitre napoléonien de leur histoire, quand ils réclamaient le percement de La Faucille, qu'ils auraient obtenu peut-être (en ce temps-là, Paris avait de l'or), si, à leur mode ordinaire, ils n'avaient pas traîné les pourparlers et trop longtemps discuté leur juste part des charges et des frais.

Quant au compte « moral », qui a toujours été l'important pour une conscience genevoise, notre intervention dans sa vie publique et privée n'a pas trop corrompu la Genève de 1800-1814. Sa bourgeoisie reconnaît que, même à notre contact et avec nos dangereux exemples, elle ne perdit rien alors de sa santé d'âme et d'esprit, de ses sentiments altruistes, de ses convictions généreuses, de sa religion et de sa vertu : dix années de Société des Nations ont été bien plus funestes, — disent les vieux Genevois d'aujourd'hui, — à ses honnêtes et pieuses traditions. Son peuple d'alors ne perdit pas davantage un atome de son patriotisme et de son ardeur civique. Par contre, la tyrannique aristocratie d'autrefois gagna une estime des droits populaires, un souci de la solidarité citoyenne, qu'elle n'avait point auparavant.

A Genève, comme dans les autres conquêtes de Napoléon, la France a heureusement fondé le régime égalitaire, qui, depuis un siècle, assure, vaille que vaille, aux Etats démocratiques de l'Occident un maximum de repos et de concorde à l'intérieur. Sur ce gain, il semble qu'entre tous les Genevois, l'unanimité du jugement s'était établie, jusqu'aux années de la brouille présente; mais tous pardonneraient encore à la France du Directoire et de Napoléon ces seize années de tutelle un peu dure, si la France du xxe siècle et des siècles suivants continuait d'acquitter la rançon perpétuelle que la Genève de 1814-1815 lui a fait imposer par les baïonnettes de l'Europe et si, nos servitudes douanières étant maintenues, l'avenir demeurait ouvert vers ces frontières naturelles, que la même Genève de 1814-1815, en toute franchise et simplicité, avait demandées et failli obtenir des Puissances Alliées, nos ennemies victorieuses.

II

LE « DROIT DE GUERRE »

Les traités de 1815 sont à l'origine juridique de toutes les contestations actuelles entre la France et la Suisse. Imposés à la France du XIXe siècle par la victoire d'une Coalition, dont Genève et la Confédération helvétique avaient fait partie, ces traités incorporaient au droit international les conditions que chacun des Coalisés d'alors avait jugées conformes à ses ambitions ou à ses intérêts. La France de 1814-1815, vaincue et envahie, y avait dû souscrire et en avait fait les frais : la France de 1919 a voulu qu'après la victoire, le traité de Versailles, lui rendant sa pleine indépendance, effaçât, du moins, tout ce que la défaite ancienne avait pu créer de privilèges ou de charges à ses dépens, pour le bénéfice unilatéral des anciens Coalisés.

Mais la Confédération helvétique de 1930, comme celle de 1816, souhaiterait, avec une ardeur fort excusable, de conserver tous les bénéfices politiques et économiques, comme tous les gains territoriaux, dont les Coalisés de 1815 avaient récompensé les services rendus contre nous, — et certains Suisses, surtout à Genève, voudraient conserver, en outre, toutes les servitudes, hypothèques ou expectatives, que les négociateurs fédéraux avaient escomptées de la bienveillance de nos ennemis, qu'ils avaient vainement essayé de faire accepter par nous ou de nous faire imposer par la Sainte-Alliance.

Tous ces bénéfices politiques et économiques de Genève et de la Suisse, tous ces gains, prétentions et expectatives de territoires avaient leur source, non pas, comme on l'a dit quelquefois, dans les coutumes « plusieurs fois séculaires de commerce, d'amitié et de bon voisinage », mais dans les seules décisions des Puissances coalisées contre nous : la raison première en avait été cherchée, non pas dans l'utilité réciproque des deux voisins, mais dans les services militaires que Genève et la Confédération avaient rendus à nos envahisseurs.

Les négociateurs suisses de 1814-1815 avaient rappelé ces services en toute occasion. C'est avec la complicité muette de la Confédération et de son général en chef, R. de Watteville, que, dès le mois de décembre 1813, l'armée autrichienne avait traversé la Suisse, de Bâle à Genève, puis envahi la France du Sud-Est, tourné nos armées du Nord et descendu sans obstacle sur Grenoble et Lyon, dès le début de 1814. En 1815, durant les Cent Jours, la Diète, bien loin de se consacrer à la défense exclusive de ses frontières, avait conclu avec les Alliés (20 mai 1815) un traité de coopération militaire, qu'il est difficile, même aux historiens suisses, de concilier avec les traditions séculaires de neutralité, dont la Confédération réclame l'honneur et le bénéfice.

En juin 1815, les troupes autrichiennes, débouchant, cette fois, d'Italie par le Valais, n'avaient pas seulement traversé, sans combat ni résistance, tout le territoire fédéral. Elles avaient reçu, en outre, — quand la défaite de Waterloo fut connue, mais seulement alors, — l'appoint de vingt-cinq mille hommes de troupes suisses, qui leur avait permis de forcer les passes du Jura et de faire en Franche-Comté une campagne dont les mauvais souvenirs ont toujours subsisté; six mille autres Suisses coopéraient avec vingt-quatre mille Autrichiens pour assiéger dans Huningue les deux mille sept cents hommes du général Barbanègre :

Les titres de la Suisse pour former des demandes de compensation ne sont pas douteux, — écrivait la Diète de Zurich dans ses *Instructions* au négociateur fédéral Pictet de Rochemont (16 août 1815). Elle a armé la première lorsque la sûreté de l'Europe commandait d'élever une forte digue entre la France et l'Italie : 40.000 hommes, placés sur sa frontière occidentale, ont servi de liaison et de point d'appui aux deux grandes armées autrichiennes. Elle a rempli dans toute leur étendue les obligations stipulées dans le traité du 20 mai 1815.

Le négociateur fédéral Pictet de Rochemont pouvait écrire au plénipotentiaire anglais, lord Castlereagh, le 20 octobre 1815 :

Les troupes suisses ont fait le siège d'Huningue, occupé Blamont, Pontarlier, Jougne, Salins, Les Faucilles, l'Ecluse,

Champagnole et appuyé les opérations des deux armées autrichiennes en France. La Suisse est donc dans la classe des puissances qui ont fait une guerre active, hors de leurs frontières.

C'est en paiement de ces services à la cause commune, en vertu du seul « droit de guerre », que les Alliés de 1815 stipulèrent, en fin de compte (*Acte* de novembre 1815), les avantages concédés à la Confédération helvétique et à la République de Genève, et la France dut les contresigner :

Les Puissances, — disait l'*Acte* du 20 novembre 1815, — se plaisent à reconnaître que la conduite de la Suisse, dans cette circonstance d'épreuve, a montré qu'elle savait faire de grands sacrifices au bien général et au soutien d'une cause que toutes les Puissances de l'Europe ont défendue, et qu'enfin la Suisse était digne d'obtenir les avantages qui lui sont assurés.

Ces avantages étaient de plusieurs sortes : diplomatiques et politiques en faveur de la Confédération; territoriaux et économiques en faveur de Genève, surtout.

La Confédération avait mis tous ses efforts à obtenir d'abord la reconnaissance diplomatique et la garantie « de la neutralité perpétuelle de son territoire dans ses nouvelles frontières ». Ses désirs avaient été satisfaits. Mais tout aussitôt les prudents Confédérés avaient fait ajouter une sorte d'absolution pour les récentes violations, qu'ils avaient provoquées et facilitées de leur mieux :

Les Puissances déclarent, — ajoutait l'*Acte*, — qu'aucune induction défavorable aux droits de la Suisse, relativement à sa neutralité et à l'inviolabilité de son territoire, ne peut ni ne doit être tirée des événements, qui ont amené le passage des troupes alliées sur une partie du sol helvétique. Ce passage, librement consenti par les Cantons, a été le résultat nécessaire de l'adhésion franche de la Suisse aux principes manifestés par les Puissances signataires du traité d'alliance.

Les gains politiques de la Confédération n'avaient pas été très grands. On lui avait adjoint trois nouveaux cantons :

1° et 2° le Valais et Genève, qui jadis étaient des communautés indépendantes, bien que liées aux Confédérés par des contrats d'alliance ou de « tuition », et dont la France avait fait ses deux départements du Léman et du Simplon; 3° la principauté de Neuchâtel, que Napoléon avait enlevée au roi de Prusse pour la donner à Berthier et que l'on rendait au roi de Prusse, tout en agrégeant ce territoire au Système helvétique.

En outre, les deux cantons de Berne et de Vaud avaient reçu : le premier, l'évêché de Bâle et les ville et territoire de Bienne; le second, la partie de la Vallée des Dappes, qui lui avait précédemment appartenu. Mais le négociateur fédéral, Pictet de Rochemont, était un Genevois en qui les « gens du Haut » saluent encore l'incarnation de toutes leurs pensées et manières : il avait servi surtout les besoins et prétentions de ses concitoyens.

Avant d'entrer (8 fructidor 1798) dans le département français du Léman, qui comprenait tout notre département actuel de la Haute-Savoie, le domaine de Genève était encore, comme depuis des siècles, séparé du territoire suisse par le Pays français de Gex, qui avait toujours compris sur la rive du lac les terres de Versoix, de Bellevue et de Prégny. Et ce domaine était morcelé, se composant d'un noyau central à la corne du lac et de plusieurs fragments ou « mandements » épars, qui formaient enclaves dans le double domaine de la Savoie et de la France. L'heure parut propice aux Genevois d'« arrondir » leur République : dès janvier 1814, leurs conseillers apportaient aux Souverains coalisés deux *Mémoires,* contenant le programme des prétentions genevoises ou, plutôt, — car Genève allègue toujours ses devoirs et le service d'autrui plutôt que ses droits et intérêts, — des conditions que la nouvelle Genève était moralement obligée de remplir pour tenir son rôle dans la Confédération suisse et dans l'Europe régénérée. Premier point :

> S'il entrait dans les vues des Hautes Puissances coalisées de consolider l'existence de la République de Genève en l'agrégeant au Corps helvétique comme un nouveau canton, nous ferions savoir que la contiguïté de notre territoire à celui de la Suisse semblerait devoir être une condition nécessaire des rapports de Genève avec le Corps helvétique.

Il était donc indispensable à tout le moins d'adjoindre au domaine genevois la bande de territoire gessien qui, sur la rive du lac, séparait encore Genève du Pays de Vaud.

Mais, — second point, — « si l'intention des Hautes Puissances était de faire de Genève le boulevard de la Suisse » contre les invasions de la France, il fallait que cette place fût défendable et ne restât pas « dominée par un commandement double et triple, à portée du canon » :

Napoléon avait formé le projet de fortifier Genève régulièrement, avec une dépense de vingt-huit millions... Il ne nous paraît pas vraisemblable qu'une entreprise sur un plan si vaste — et pourtant nécessaire, si l'on veut mettre Genève hors d'insulte, — soit à la portée de la Suisse appauvrie. Genève demeurerait donc dans son état présent, et l'on pourrait craindre que, tôt ou tard, la France ne s'emparât de cette ville pour en faire une place imprenable.

Même fortifiée suivant toutes les règles de l'art, même devenue imprenable, — à quel prix! — la place de Genève au service de la Suisse serait encore impuissante à défendre les défilés et les routes du Rhône, si le Pays de Gex, — dix-sept pauvres villages et mairies, — continuait à appartenir à la France.

Que devraient peser la nationalité de ce Pays « montueux et stérile » et la liberté de dix-sept pauvres villages, en regard de la sécurité helvétique, de la tranquillité genevoise et de la paix européenne?

Le Rhône s'échappe de notre bassin de montagnes par une gorge extrêmement étroite, où l'on a construit le fort de l'Ecluse. Ce fort, qu'il serait facile de rendre imprenable *si l'on disposait des deux rives du fleuve,* est la véritable clef du pays et une dépense comparativement modérée suffirait à donner toute sécurité de ce côté-là, car les passages du Jura sont en petit nombre et comportent très difficilement le passage de l'artillerie de siège.

« Si l'on disposait des deux rives du fleuve », comme la nature et la Providence l'ont indiqué d'avance dans la disposition des lieux : car l'ancien Genevois sur l'autre rive du fleuve est un territoire exactement symétrique, complétant le rôle du Pays de Gex. Ces deux plainettes, encerclées de montagnes, ne donneraient encore au territoire de la République qu'« une surface d'environ dix mille carrés d'Allemagne et une population de quatre-vingt-seize mille habitants, alors que le canton de Vaud en a cent soixante mille ».

Au total, ces deux premiers « arrondissements », qui ne feraient que quintupler l'ancien domaine de la République, n'assureraient que leur maigre subsistance à ces malheureux Genevois, qui « ne possèdent guère que quatre lieues carrées d'un territoire stérile pour nourrir trente-trois mille habitants ».

Tant de stérilité au dedans et au dehors ne devait-elle pas être compensée?... Un troisième arrondissement était imposé à la modération genevoise par la sécurité du Corps Helvétique et, surtout, par les leçons de l'expérience napoléonienne.

Napoléon, en aménageant le col et la route du Simplon, avait tracé l'un de ses grands chemins de guerre à travers tout le pays gessien, genevois, savoisien et valaisan, des cols du Jura aux cols des Alpes. Comment la liberté de l'Europe et la sécurité de la Suisse seraient-elles assurées, si cette voie tout entière n'était pas, désormais, confiée aux pacifiques Cantons, pour les seuls besoins du commerce et des relations quotidiennes entre peuples et individus ?

L'intention bien prononcée des Puissances est de donner à la Suisse une consistance géographique qui la rende, de toutes manières, indépendante, respectable et tranquille. C'est dans cette vue que le Valais, auquel une des clefs de la Suisse est confiée, sera agrégé, non comme allié, mais comme canton. Les grands travaux faits au Simplon donnent au Valais une importance nouvelle comme barrière stratégique. Une partie des avantages que la Suisse en doit retirer serait perdue, si la communication directe entre le Simplon et le nouveau canton de Genève n'était pas tout entière sur le territoire helvétique.

On ne pouvait imaginer que trois solutions au problème. La première était la plus complète et la plus sûre; mais les conseillers genevois ne la présentaient que les yeux modestement baissés, sans trop de réticences, mais sous le plus heureux des euphémismes : elle consisterait à « rapprocher Genève du Valais », en lui attribuant, à elle, tout le pays savoisien du lac, depuis l'entrée du Rhône dans le Léman jusqu'à sa sortie des monts vers la France.

Il s'agirait, en somme, de n'ajouter au domaine possédé ou légitimement revendiqué par la République qu'un « littoral », long de douze ou treize lieues à peine, dont les conseillers genevois négligeaient d'indiquer, même d'un mot, la largeur; mais, de ce côté encore, la nature et la Providence n'avaient-elles pas disposé les fossés des torrents ou des lacs et le cercle des Alpes pour être, jusqu'au haut du Mont-Blanc, les barrières naturelles de cette haute Savoie, qui, tout entière, deviendrait « canton suisse », comme elle avait été département français?

Tout le Chablais et la totalité ou, du moins, les trois quarts du Faucigny ou même tout l'ancien département français du Léman, ajoutés au Pays de Gex (au total, quelque deux cent cinquante lieues carrées), tripleraient le domaine genevois, mais ne feraient pas encore de Messieurs de Genève les égaux des cantons voisins : sans parler des Magnifiques Seigneurs de Berne (quatre cent trente lieues carrées), ni des immenses Etats des Grisons (quatre cent cinquante lieues carrées, ni du Valais lui-même (trois cent vingt lieues carrées), Genève deviendrait seulement, au sein de la Confédération, l'égale de ses perpétuels envieux et ennemis, les gens de Vaud, de cette paysantaille jacobine, que la France avait délivrée du servage bernois, qui gardait la plus fidèle reconnaissance à Napoléon, son libérateur, et que les Puissances alliées avaient le devoir, — disait Genève pour flatter Berne, — de « remettre entre des mains dignes d'exercer le pouvoir ».

La seconde solution serait de toutes la moins équitable; mais, pour éviter le reproche de confier les populations catholiques de Savoie à la tutelle de la Rome calviniste, on pourrait les unir aux catholiques du Valais et, — autre euphémisme, — « rapprocher de Genève le Valais, afin de prévenir les inconvénients évidents et le danger réel, quoique éloigné, de la non-contiguïté des deux nouveaux Cantons ».

Genève verrait donc sans regret annexer le Chablais et le Faucigny catholiques au catholique Valais... Ses conseillers savaient, mais ne disaient pas que jamais les Cantons protestants, et Berne tout d'abord, n'accepteraient la constitution d'une pareille catholicité dans le sein de la Confédération. Aussi une troisième solution serait peut-être, en fin de compte, la plus juste et sage, comme aussi la plus acceptable à tous les intéressés, Genève, Valais, Corps helvétique et paix européenne : on « prendrait un milieu »; la rivière de la Dranse présentait une limite naturelle, qui partagerait le littoral assez exactement entre le Valais et Genève. « Dans cette supposition, l'accession nouvelle de territoire pour Genève resterait encore au-dessous de dix milles carrés et la totalité de la population serait de cent dix mille neuf cent treize habitants, c'est-à-dire dans le rapport de onze à seize avec la population du canton de Vaud ».

Genève, beaucoup moins agrandie, resterait ridiculement inférieure à ces gens de Vaud; elle trouverait du moins une double compensation économique et politique dans ses subsistances assurées (« c'est dans le Chablais que se trouvent les seules terres vraiment fertiles de ce bassin de montagnes ») et dans la carrière que cette extension de territoire ouvrirait à l'activité ou à la fougue de ses citoyens, pour le bonheur du Corps helvétique :

Genève ayant été le théâtre de longues dissensions intestines dans le siècle dernier, le Corps helvétique pourrait en craindre le retour; une augmentation suffisante de territoires, en disséminant la population trop entassée de la ville, en offrant de nouveaux objets à l'activité des Genevois et de nouvelles combinaisons à leur industrie, rassurerait complètement nos voisins.

Pour être à la mesure du moindre de ces « arrondissements », que réclamaient les conseillers genevois de 1814, les prétentions de l'impérialisme français, que dénoncent si haut les journaux de la Confédération, auraient dû s'éployer en 1918-1919 sur le quintuple au moins de notre territoire national et annexer à nos 550.000 kilomètres carrés (Alsace-Lorraine comprise), les trois millions de kilomètres carrés de la Belgique, de la Hollande, de l'Allemagne, de la Pologne, des Pays scandinaves, de la Suisse, de l'Autriche, de la Tchécoslovaquie, de la Hongrie, de l'Italie, de l'Espagne et du Portugal. Quant au plus grand de ces « arrondissements » genevois, il nous faudrait aujourd'hui, pour ne pas l'égaler encore proportionnellement, réclamer tout l'ancien empire européen et asiatique des tsars et ses vingt-trois millions de kilomètres carrés. Pictet de Rochemont lui-même redoutait un peu cet appétit herculéen; il s'y résignait cependant, pour que la Confédération acquît dans Genève un « co-Etat » digne d'elle :

S'il était jugé nécessaire pour présenter à la Suisse un co-Etat capable de contribuer à sa considération et au maintien rigoureux de sa neutralité, — écrivait-il à Metternich le 10 mai 1814, — et si un tel agrandissement nous était imposé, nous nous y soumettrions avec le sentiment et le respect des convenances politiques générales; mais ce ne serait pas sans quelque crainte qu'une population dépassant une certaine mesure et composée de ressortissants, dont la religion, les mœurs, les vues et les intérêts sont différents des nôtres, ne nous offrît dans l'avenir des chances de troubles et de divisions, peut-être aussi des réclamations de la part des Puissances, aux dépens desquelles nous aurions été agrandis.

Au premier Congrès de Paris (1814), l'habileté du négociateur genevois se brisa contre la fermeté de Louis XVIII, qui mettait son point d'honneur à défendre les frontières historiques de son royaume et sa piété très chrétienne à ne pas abandonner de fidèles sujets catholiques au joug du calvinisme. Le roi de Sardaigne imita de son mieux le roi de France et en emprunta les raisons. Genève n'obtint pas la moindre part du moindre de ses « arrondissements ». Le traité de Paris (30 mai 1814) conservait au royaume de France « l'intégrité de ses limites, telles qu'elles existaient au 1er janvier 1792 », avec la majeure partie de la Savoie.

La République de Genève, devenue canton suisse, restait une mosaïque d'enclaves, séparées par des communes françaises ou savoisiennes, et la rive occidentale du lac, restée française dans le pays de Versoix, lui enlevait toujours le contact territorial avec les gens de Vaud, dont elle devenait la confédérée (1).

Mais en 1815, au Congrès de Vienne et surtout, après Waterloo, au second Congrès de Paris, Genève eut sa revanche.

Les *Instructions* du Conseil genevois à ses deux négociateurs, Pictet de Rochemont et Fr. d'Ivernois, avaient repris (17 septembre 1814) le projet « d'arrondissement », tant sur la France que sur la Savoie. Genève néanmoins ne réclamait plus pour elle-même que le Pays de Gex et le Genevois. Encore offrait-elle d'attribuer la moitié de Gex au canton de Vaud : « Que la ville de Gex, Divonne, les vallées du Jura, le fort de l'Ecluse et *le petit territoire qui va jusqu'à la Valserine* appartiennent au pays de Vaud, nous le verrons sans envie : nous serons contigus à la Suisse et nous n'en posséderons peut-être que plus paisiblement et avec plus de sûreté la partie qui serait notre partage. »

Ce partage avec les gens de Vaud couvrirait, en effet, Genève et tout son territoire du côté de la France; il ferait des Vaudois les gardiens mili-

(1) La France consentait néanmoins à prendre en considération les commodités genevoises et fédérales : « Pour assurer les communications de la ville de Genève avec d'autres parties du territoire de la Suisse, situées sur le lac, — disait l'article IV du traité, — la France consent à ce que l'usage de la route par Versoix soit commun aux deux pays. Les Gouvernements respectifs s'entendront à l'amiable sur les moyens de prévenir la contrebande et de régler le cours des postes et l'entretien de la route. »

taires de la frontière fédérale; il pourrait avoir aussi les plus heureuses conséquences politiques, pour mettre à la raison, — en cas de besoin, — les « nouveaux Genevois », si ces annexés réclamaient leur part entière dans l'administration cantonale ou fédérale.

Pareillement, sur la rive savoisienne du Rhône et du lac, même si la Savoie, tout entière, était enlevée à la France et rendue à son duc, Genève aurait droit à une frontière vraiment stratégique : « Nous n'ambitionnons pas autre chose que d'être limités par le Rhône, les Usses et les points culminants de Sion, Salève et les Voirons, en descendant jusqu'à Hermance. Le mont du Vuache serait compris dans cette enceinte : sans cela, il n'y aurait pas moyen de défendre le fort de l'Ecluse. »

Cette double annexion aurait donc suffi si la seule Genève eût été en cause...

Mais les Genevois ne pouvaient pas oublier leurs Confédérés, leurs voisins d'Italie, la paix européenne; ils « se résigneraient » donc, en considération de toute l'Europe, à un « arrondissement » beaucoup plus spacieux :

On ne saurait se dissimuler que la Suisse n'acquiert pas la frontière militaire la plus respectable; que dans une guerre qui aurait l'invasion de l'Italie pour objet, le roi de Sardaigne aurait peine à défendre le Faucigny, le Chablais et, par conséquent, la route du Simplon, si ces deux provinces n'appartiennent pas à la Suisse. L'expérience la plus constante ne nous apprend-elle pas que la France s'est emparée à son gré de la Savoie sans éprouver la moindre résistance?

« Si donc les Alliés veulent donner à la Suisse une frontière militaire, à l'aide de laquelle, en affermissant sa neutralité, ils puissent avec sûreté lui confier la garde du passage en Italie, il est évident que ces deux provinces doivent faire partie de la Suisse; il en résulterait encore un autre avantage pour le canton de Genève et par conséquent pour la Suisse, c'est qu'il pourrait s'y approvisionner de blé et s'affranchir de la dépendance, où il est, de son puissant voisin, pour les subsistances... Ces deux provinces, d'ailleurs, seraient malheureuses au plus haut degré sous la domination sarde, dont elles seraient séparées par l'impossibilité des communications; elles se jetteraient dans leur mécontentement entre les bras de la France, dès qu'elle formerait des projets contre l'Italie ».

Ainsi parlaient les *Instructions* genevoises et elles se hâtaient d'ajouter qu'en tout cela, les intentions de Genève ne pouvaient pas être suspectées d'égoïsme; il fallait pourtant prévenir les calomnies des envieux :

Vous ne négligerez, — disait le Conseil à ses négociateurs, — aucune occasion de parler des Genevois comme étant exempts de toutes vues ambitieuses et intéressées, comme n'aspirant qu'à préserver de toute atteinte leur indépendance et qu'à devenir un membre utile de la Confédération helvétique... Pour mieux montrer votre modération, vous ne laisserez pas ignorer que, si l'on pensait à faire du Chablais et du Faucigny un canton séparé et que la Suisse y donnât les mains, nous applaudirions à cette mesure.

Le désintéressement et l'altruisme de Genève se montraient mieux encore dans la façon dont elle comptait traiter les cent quatre-vingt mille ou deux cent mille habitants, propriétaires légitimes des « territoires agrégés ».

Il ne pouvait pas être question, bien entendu, de les consulter sur leur destin : infectés par la Révolution et l'Empire du plus pur virus français, ils étaient incapables d'apprécier les bienfaits et les vertus que Genève et la Suisse voulaient leur inculquer. Il ne pouvait pas être question, davantage, de concéder à ces « nouveaux Genevois » les mêmes droits politiques qu'aux anciens.

On avait déjà préparé les « lois éventuelles », qui feraient d'eux la plus heureuse plèbe du monde, si ces gens de la glèbe, de basse condition et de culture inférieure, sans réclamer une part plus grande aux magistrature et représentation genevoises, comprenaient qu'ils devaient s'en remettre à la tutelle des vingt-deux mille vieux Genevois, lesquels vivaient depuis trois siècles en république indépendante et policée :

Relativement à la participation que donnent nos lois éventuelles à la nouvelle population dans notre représentation nationale, vous établirez que nous ne pouvons nous en départir et que nous avons consacré des principes conformes à l'équité, à la justice et aux vraies convenances de Genève et de la Suisse, sans choquer celles du territoire agrégé...

Genève regardait de son plus haut ces populations de la Savoie qui, depuis vingt ans, avaient donné à la France tant de citoyens utiles et glorieux, savants comme Monge et Berthollet, écrivains comme de Maistre, généraux par centaines :

Notre république renferme dans son sein une assez grande masse de lumières, une population considérable de notables éclairés, distingués par une bonne éducation, par leur aptitude à bien remplir les places du Gouvernement et par leur attachement à leur ancienne patrie; quoique appauvrie, elle n'est pas dépourvue d'habitants capitalistes; elle a un hôtel de ville, des casernes, de nombreux et vastes édifices, une artillerie assez considérable et des revenus destinés et suffisants à l'entretien du culte et de l'instruction, enfin des hôpitaux qui pourvoient aux besoins de ses citoyens. Le nouveau territoire n'offre rien de pareil. La civilisation, surtout en Savoie, y est fort retardée, et le pays qui nous serait cédé est hors d'état de fournir à la représentation nationale un nombre de représentants admissibles, qui surpasse celui des places que nos lois éventuelles lui assurent.

« Il y aurait un danger extrême », non seulement pour Genève, mais pour la Suisse, qui ne saurait vivre sans Genève, et pour l'Europe, qui ne saurait vivre sans la Suisse, « à donner une plus grande part dans l'administration » à ces populations paysannes et pastorales, qui « sortaient de la servitude établie par le despotisme de Bonaparte » et qui, « avant leur asservissement à la France, étaient soumises à un gouvernement absolu ». Retour au fanatisme religieux et monarchique d'autrefois; fidélité aux récentes aspirations et habitudes jacobines : entre cette Charybde et cette Scylla, comment pourrait voguer la noble galère genevoise, si ces rustres, non contents de ramer dans la chiourme, parvenaient aux postes de pilotage et de commandement ?

Que n'aurions-nous pas à craindre d'eux, de la supériorité de leur population, de l'infériorité de leurs lumières, de la superstition et de la ferveur prosélytique de leur clergé, du passage subit d'une espèce de servitude à une émancipation complète, si nous nous relâchions des précautions purement défensives que nous avons prises dans nos lois éventuelles? Bientôt Genève changerait de face : notre religion serait exposée à des attaques irrésistibles; nos établissements littéraires, la culture des sciences, dont nous tirons notre plus grand lustre, seraient menacés d'une prochaine décadence.

Genève n'appartiendrait plus aux Genevois, et bientôt la Suisse n'y retrouverait plus les anciens alliés, auxquels il y a aujourd'hui quelque avantage pour elle à s'unir plus étroitement.

Quelle désillusion et quelle perte pour les Confédérés, qui pensaient s'unir à de vrais Genevois et à qui l'on imposerait une communauté de Gessiens et de Savoyards!...

Par contre, ces nouveaux Genevois, s'ils avaient quelque sagesse et quelque souci de leurs intérêts les plus certains, n'auraient rien à craindre de la tutelle provisoire ou définitive dans laquelle ils seraient maintenus : « Ils obtiendront secours dans leur pauvreté; l'éducation de leurs enfants sera meilleure; les capitaux des anciens Genevois fertiliseront le nouveau territoire et en augmenteront la valeur... »

Pour le reste, ils pourraient compter sur cette équité foncière et cette délicatesse de conscience qui toujours distinguèrent la politique genevoise :

Quoique les nouveaux Genevois aient une part inférieure à la nôtre dans la représentation nationale, il est bien évident que leur plus grande population nous forcerait, indépendamment des motifs d'honneur, de devoir et de délicatesse qui ont caractérisé le Gouvernement de Genève, à ne jamais nous écarter, à leur préjudice, de la modération, de la justice et de la générosité dans toutes nos délibérations, si nous pouvions être tentés d'adopter des mesures d'une nature à aliéner nos nouveaux compatriotes.

Ces gens de labour en temps de paix auraient l'honorable charge de porter les armes en temps de guerre : « Ce territoire fournirait des milices rurales, qui vaudraient mieux que les milices prises dans une ville de négociants et d'artisans »... Entré dans la Terre Promise, le Peuple de Dieu, — est-il écrit au livre de *Josué* (chap. IX, versets 3-17), — ne massacra pas toutes les tribus des indigènes; mais il y prit ses porteurs d'eau et ses coupeurs de bois.

Au Congrès de Vienne (novembre 1814-mai 1815) et au second Congrès de Paris (août-novembre 1815), les Puissances ne restèrent pas sourdes à ces réclamations désintéressées : elles ne concédèrent à Genève qu'un lambeau de territoire français, la bande du littoral gessien, qui la séparait de Vaud, et quelques communes gessiennes pour « désenclaver » son mandement de Peney; mais du côté de la Savoie, elles interposèrent « leurs bons offices pour lui faire obtenir un arrondissement convenable ».

Il fallut de longues négociations avant de lever les scrupules du roi de Sardaigne, duc de Savoie : « Toujours empressée de donner à ses puissants Alliés des preuves de sa reconnaissance et de son désir de faire ce qui peut leur être agréable », Sa Majesté sarde n'en éprouvait pas moins « une répugnance bien naturelle à se séparer de bons, anciens et fidèles sujets », qu'Elle venait de retrouver après vingt-trois ans de séparation; « d'autre part, Sa Majesté ne pouvoit se résoudre à consentir qu'une partie de son territoire soit réunie à un Etat, où la religion dominante est différente, sans procurer aux habitants du pays qu'Elle cède la certitude qu'ils jouiront du libre exercice de leur religion et qu'ils continueront à avoir les moyens de fournir aux frais de leur culte »; enfin S. M. voulait pour eux « la plénitude des droits de citoyens ».

Elle réclama donc nombre de clauses relatives à la liberté du culte catholique, avant de mettre à la disposition des Hautes Puissances la portion de son héritage qu'elles jugeaient nécessaire au désenclavement et au petit « arrondissement » des terres genevoises à la corne méridionale du Léman et sur la rive gauche du Rhône, mais non pas sur toute la rive méridionale du lac, encore moins sur l'hinterland du Chablais et du Faucigny.

Au bout du compte, Pictet de Rochemont n'était pas contenté; mais il pouvait dire à ses concitoyens que « la surface actuelle du canton de Genève étant à celle du territoire de l'ancienne république comme

18 est à 7 », cet « arrondissement » faisait beaucoup plus que doubler le territoire genevois, et il ne cachait pas que ces annexions auraient eu beaucoup plus d'envergure, si Genève avait trouvé dans ses Confédérés la même largeur de vues, la même habileté et la même énergie! Hélas! que faire avec ces Suisses timorés, sans ambition, sans audace, qui, regardant toujours à leurs droits, mais parfois aussi à ceux d'autrui, semblaient toujours préférer leur sécurité et tranquillité à la grandeur de Genève?

Quelles entraves ils avaient mises aux courageuses entreprises genevoises! Quelle modération ils leur avaient imposée pour maintenir « les bonnes relations de la Confédération *avec toutes les Puissances* », y compris la France vaincue!

En traitant d'augmentations territoriales, la Suisse, *quant à la forme,* doit éviter autant que possible d'articuler des demandes, de paraître solliciter des faveurs aux dépens de la France et, *quant au fond des choses,* il lui convient de rester sur la ligne d'une extrême modération, en sorte qu'aucune puissance n'ait le droit de l'accuser de vues ambitieuses, mais se persuade que notre neutralité, notre sûreté sont la mesure et le but de toutes nos démarches.

Voilà les *Instructions* que donnaient à Pictet ces pusillanimes Confédérés, deux mois après Waterloo, alors que leurs troupes victorieuses occupaient la Comté et que, de la rive bâloise, à l'abri des coups, Pictet contemplait le bombardement d'Huningue, où les « canailles françaises » de Barbanègre refusaient toujours de se rendre! « S'amusant à observer avec une bonne lunette le travail de la tranchée » (il avait servi dans les troupes de la France (1) et mangé dix années, de 1775 à 1785, le pain du roi), il avait pris en ce sûr observatoire un plaisir extrême, bien que la « musique du bal » l'empêchât parfois de dormir...

Le *Message* fédéral du 24 octobre 1919 rejettera sur les seuls Genevois et leur négociateur trop ardent la convoitise du bien d'autrui :

Dans leur *Note* du 22 avril 1814 à la Diète helvétique, les plénipotentiaires d'Autriche, de Russie et de Prusse avaient déclaré « qu'il était dans les intentions des Puissances d'assurer à la Suisse une frontière naturelle et forte qui pût toujours être défendue avec succès, même contre des forces supérieures ». Cette déclaration décida la Diète à demander à l'état-major fédéral un rapport sur l'extension des frontières de la Suisse. Le 2 mai 1814, le colonel quartier-maître Finsler présentait un mémoire dans lequel il engageait la Confédération à réclamer la frontière naturelle et militaire de la Suisse au Sud-Ouest, par la cession du Pays de Gex, destinée à donner à la Suisse la barrière du Jura, et celle des provinces du Chablais et du Faucigny, pour permettre à la Suisse de fermer à l'envahisseur l'accès du Valais et des routes du Grand-Saint-Bernard et du Simplon.

Mais la Diète helvétique avait « refusé à l'unanimité » de suivre ses guerriers sur ce chemin de

(1) En 1815, il met son fils au service de la Bavière : « Le roi de Bavière a nommé mon fils conseiller de légation, avec cinq mille francs d'appointements... Voilà mon fils dans une carrière où il aura toujours présents les intérêts de Genève. Wrède contribuera à le pousser de son mieux, ce qui, par la suite, pourra ne nous être pas inutile, ne fût-ce que comme moyen d'information ». *Lettres des* 11 *et* 12 *octobre* 1815.

la conquête. On avait alors essayé de lui forcer la main : une pétition, « rédigée et signée par les délégués des provinces savoisiennes du Chablais et du Faucigny », sollicita « formellement l'annexion de ces provinces à la Suisse ». Nouveau refus de la Diète. Genève était alors entrée en scène : contre les refus de la Diète, Pictet en avait appelé au Conseil de Genève par son *Mémoire* de septembre 1814, pour bien montrer les devoirs qui s'imposaient à la conscience des vingt-deux mille Genevois, de tous et de chacun. Le premier traité de Paris (mai 1814) avait laissé en suspens l'attribution de la Savoie orientale : « Des sept provinces qui composaient autrefois le duché de Savoie et qui étaient peuplées de 450.000 habitants, la Maurienne, la Tarentaise, le Faucigny, le Chablais et partie de la province de Carouge n'ont point encore été attribués. Les deux premières de ces provinces (Maurienne et Tarentaise), communiquant librement en tout temps avec Turin par le Mont-Cenis, doivent naturellement rentrer sous la domination du roi de Sardaigne; mais il n'en est pas ainsi du Faucigny, du Chablais et de Carouge, auxquels le traité rend impossible le rétablissement des relations qui les unissaient avec la capitale du Piémont ».

Les intérêts bien compris de la Maison de Savoie lui commandaient ce renoncement : « Où seraient pour le roi de Sardaigne les avantages qui pourraient compenser les graves inconvénients d'une possession dispendieuse et nécessairement précaire ?... Il convient au repos de l'Europe que ces provinces, détachées de la domination piémontaise, deviennent partie de la Suisse ».

Mais, les Confédérés s'entêtant dans leur politique bornée et ne voulant pas étendre aussi loin leurs responsabilités ni leurs frontières, il s'était heureusement trouvé qu'au Congrès de Vienne, le duc de Savoie lui-même avait ménagé les chances de Genève pour un meilleur avenir : comme en 1703 et comme en 1740, il avait en 1815 demandé, exigé l'annexion de son Chablais et de son Faucigny, non pas à la Confédération, mais à la neutralité helvétique.

Ses demandes, qui s'étendaient d'abord au duché tout entier, avaient encore fait reculer toute la Diète. La seule Genève avait compris et mesuré le devoir désintéressé, et Pictet avait trouvé le moyen de forcer la main aux Confédérés : c'est en paiement « des territoires cédés par lui à la Confédération pour l'arrondissement de Genève », que le Savoyard demandait l'engagement de la Suisse de « se substituer au Gouvernement sarde pour la défense du Chablais et du Faucigny ». Les bons offices des Puissances amenèrent ce compromis : dans le protocole du 29 mars 1815, le roi de Sardaigne consentit « une cession de territoire en faveur du canton de Genève », sous condition que « les provinces du Chablais et du Faucigny et tout le territoire au nord d'Ugine feraient désormais partie de la neutralité suisse »...

Les Confédérés auraient donc à défendre, en cas d'attaque, ces domaines du Savoyard : la « teneur littérale » du compromis leur en faisait une obligation. Mais, après l'avoir acceptée et en avoir touché le paiement, ils donnèrent de cette « teneur littérale » une explication toute différente, pour se réserver la liberté de défendre ou de ne pas défendre à leur gré le Chablais et le Faucigny, suivant l'agresseur qui se présenterait et suivant les « intérêts militaires de la Suisse dans la défense de ses frontières et de la route du Simplon ». Le Savoyard refusa cette interprétation. Aussi quel mal eut Pictet à faire passer le compromis dans les *Actes* définitifs de la paix avec les Puissances, puis avec la Sardaigne! Il avait eu à lutter d'abord contre ses Genevois eux-mêmes; mais Genève avait cédé presque aussitôt à ses remontrances. Les Confédérés avaient été beaucoup plus hésitants : pour introduire seulement l'idée en leurs dures cervelles, il avait fallu l'intervention de l'Angleterre. Puis de longs entretiens entre les négociateurs de Genève et ceux de la Confédération n'auraient pas implanté chez ces derniers la conviction que « cette politique convenait à la Suisse », sans une menace qui se présenta à l'esprit de Pictet et que l'Angleterre se chargea encore de formuler en un dilemme : « Neutraliser le Chablais et le Faucigny, en dehors de la Confédération, ou les admettre dans la Confédération, soit en en faisant deux cantons nouveaux, soit en les « helvétisant » à la manière de Neuchâtel ».

Des deux maux, les Confédérés choisirent le moindre, après une nouvelle intervention de l'Angleterre, qui déclara sa préférence pour l' « helvétisation », afin que Genève ou la Confédération pût en cette Savoie lever des milices. C'était l'argument allégué déjà par Pictet : « Si nous restons sans milices rurales pour fournir notre contingent, notre population urbaine ne nous permettra pas de remplir les devoirs que nous impose notre nouvelle condition de fédérés ».

Le traité du 20 mai 1815, — avant Waterloo, — enregistra donc la neutralité du Chablais et du Faucigny, à la grande satisfaction de Genève. Mais les Confédérés gardaient leurs défiances et leurs regrets. Aussi quand, après Waterloo, on parla d'un nouveau Congrès et quand Pictet et le Conseil de Genève proposèrent « la mesure simple et facile d'étendre la neutralisation à toute la partie de la Savoie située au nord du parallèle d'Ugine », ils ne voulurent entendre que « de quelques parties de la Savoie qui présentaient la ligne de défense la plus avantageuse ».

Pictet, au second Congrès de Paris, négligea ces *Instructions* et demanda que la « mesure de précaution et de défiance presque hostile contre la France » fût étendue à tout le territoire savoyard à l'est des lacs d'Annecy et du Bourget. L'article III du second Traité de Paris (novembre 1815) lui donna satisfaction sur le principe. Mais les Confédérés firent encore toutes leurs réserves, pour les négociations qui allaient, à Turin, régler la mise en pratique :

Le second objet de nos réserves, — disait, en sa *Note* du 12 décembre 1815, le Directoire fédéral au Conseil d'Etat de Genève, — est la neutralisation des provinces savoyardes, que *le traité de Paris vient d'étendre bien au delà de l'opinion et peut-être des vœux de la Suisse.* On peut prévoir que la cour de Turin témoignera le désir d'entrer en négociation, soit sur les conséquences du principe, soit sur les mesures d'exécution. *Le négociateur ne recevra de nous aucun pouvoir pour traiter de cette affaire importante qui, intéressant éminemment la Confédération entière, doit être traitée dans ce pays.*

C'était le désaveu des engagements pris par Pictet. Les Confédérés voulaient bien « reconnaître tout l'effet des déclarations des grandes Puissances »; mais ils tenaient la neutralité « pour un bienfait dont les provinces savoyardes doivent jouir, non pour une obligation, qui fût imposée à la Suisse, de les occuper et de les défendre » :

L'occupation et la défense, — concluait le Directoire fédéral, — sont donc facultatives et rien n'autorise la cour de Sardaigne à détruire cette faculté, à la convertir, par une interprétation forcée et arbitraire, en servitude politique. Les Puissances ont pris l'engagement solennel d'envisager quelques parties de la Savoie comme « devant jouir de la même neutralité que la Suisse »; mais elles ne chargent pas la Suisse de cet engagement; elles ne mettent pas sous sa responsabilité l'exécution d'un acte de munificence.

Pictet laissa parler ces Suisses imprévoyants. Il en adopta publiquement le langage. Mais, à Turin, il n'en fit qu'à sa tête et promit aux Sardes que « l'adhésion de la Confédération à l'*Acte* du 29 novembre annihilerait toutes les objections » et validerait l'obligation pour la Suisse d'occuper et de défendre la Savoie : « La neutralisation étant une des conditions de la cession du territoire, celui-ci ne devait être remis que quand la Confédération aurait donné toutes les sûretés que la nature des choses comporte; or, ces sûretés se trouveront dans l'accession définitive de la Diète à l'*Acte* du 29 novembre. »

En mars 1816, l'article VII du traité de Turin faisait triompher la thèse des Sardes contre la thèse des Confédérés; mais qu'importait à Genève cette charge imposée à la Confédération?... Les désirs de Pictet étaient remplis. Quand il avait réclamé « cette mesure de précaution et de défiance presque hostile contre la France » de ce jour et du lendemain, c'est à la Savoie du surlendemain qu'il pensait au plus profond de lui.

Car la neutralité savoisienne, élargie au maximum, n'était, dans les espoirs de l'ambitieux Genevois, qu'un acheminement certain, par un détour, vers l'avenir qu'il voulait assurer à sa ville et imposer aux répugnances de ses Confédérés, de ses concitoyens eux-mêmes.

L'annexion actuelle ou prochaine de toute la Savoie orientale aurait effrayé les uns et les autres: offerte par les Puissances, ils l'auraient refusée; même imposée par elles, ils ne l'auraient acceptée que sous bénéfice d'inventaire et avec le droit de traiter à leur façon ces nouveaux agrégés, dont ils n'appréciaient encore que la rustique valeur pour leur propre défense militaire.

Mais, dans vingt ou trente ans, quand, ayant digéré ses gains de 1815 et assimilé les « nouveaux

Genevois » de son désenclavement le plus proche, Genève aurait tourné sa prédication, ses lumières, le contagieux exemple de sa sagesse pratique et de ses vertus théologales vers ces demi-barbares du Chablais et du Faucigny, pourraient-ils résister à la supériorité financière, intellectuelle et morale, aux attraits, aux bienfaits de leur prospère et généreuse voisine ? Les relations commerciales, les profits du trafic, les nécessités mêmes des échanges quotidiens entre ces cultivateurs de banlieue ou ces boutiquiers de province et la ville des industries, la capitale des banques, achèveraient en quelques années la conquête ou la résignation de ces catholiques, dont on pourrait alors confier la majeure part aux catholiques Confédérés du Valais, mais donner l'autre part à la ville de Calvin. En son *Mémoire* du 16 juillet 1815, Pictet avait dit à ses concitoyens :

> L'action lente, mais sûre d'une administration sage et éclairée, d'un gouvernement bienfaisant et d'une justice impartiale, prompte et presque gratuite; l'influence de l'éducation et la réaction de celle-ci sur les parents; *les bienfaits des riches propriétaires genevois, disséminés dans le pays;* l'ascendant des lumières, l'exemple des bonnes mœurs, l'effet des bonnes lois, enfin le sentiment d'un bonheur jusqu'alors inconnu gagneront par degrés à notre Ville l'affection de ses nouveaux citoyens et nous pouvons raisonnablement espérer que la génération qui nous succédera aura lieu de nous applaudir.

Le calcul manquait peut-être de modestie, mais ne manquait pas de justesse en mai 1814. Nous voyons encore aujourd'hui « les bienfaits des riches propriétaires genevois, disséminés dans le pays », agir de leur mieux pour le rétablissement des zones.

*
* *

Mais il en fut de ces négociations de 1815-1816, comme de plusieurs autres, où le calcul genevois fut compromis par un excès de hâte ou de lenteur et de trop sournoise ou trop naïve habileté, surtout par une trop grande confiance en l'inintelligence de la partie adverse. Pictet avait trop laissé deviner ses espérances et prétentions secrètes. En son *Mémoire* aux Puissances « sur la neutralité perpétuelle des provinces de la Savoie qui ne peuvent plus communiquer avec le Piémont », il avait accepté, pour le compte de la Suisse, de prendre en charge d'occupation et de défense tout l'ancien département français du Léman, mais sous une condition : « *Pour que l'effet de ces dispositions fût durable, il conviendrait que le roi de Sardaigne fût lié à ne céder ni échanger aucune portion du territoire ci-dessus désigné à aucun autre Etat qu'à la Suisse* ».

C'était, comme on voit, réserver à Genève et à ses Confédérés la succession savoyarde, qui ne manquerait pas tôt ou tard de s'ouvrir : Genève l'avisée ne doutait pas, en effet, que le duc de Savoie, — prince de Piémont, duc de Gênes, roi de Sardaigne, marquis d'Italie, etc., etc., — de par ses propres volontés et ambitions ou par les combinaisons et commodités des Puissances, n'eût à disparaître bientôt au nord des Alpes, pour devenir au sud le maître et seigneur de nouvelles provinces italiennes;

elle lui laissait prendre encore, dans ce traité de Turin, les titres d'autrefois : comte de Genève, baron de Vaud, etc.; mais elle prévoyait, avec tout le reste de l'Europe, que l'Italie serait désormais pour ces ducs-rois le grand champ d'avenir, dont la conquête ou l'acquisition ne pouvaient qu'être entravées ou retardées par le fardeau de leur domaine ancestral.

Cette prévision lui dictait le devoir de prendre pour l'avenir précautions et garanties. Mais la demande « désintéressée » de Pictet ne fut admise ni par les Puissances ni par le roi-duc. Le Savoyard voulait bien qu'on lui gardât et défendît son duché en cas d'alerte; mais il voulait aussi en conserver la libre disposition pour des échanges possibles, probables, avec d'autres terres au delà des Alpes.

Jusqu'en 1860, jusqu'à la réunion définitive de la Savoie à la France et même en deçà, jusqu'en ces années dernières, les représentants et journaux de Genève n'ont pas caché leur prétention à des droits éminents de la Suisse sur la liquidation savoyarde et au dédommagement que les Confédérés pouvaient attendre, exiger, de l'abandon de ces droits. Quand le traité de Versailles et l'*Accord* franco-suisse de 1919 auront abrogé la neutralité savoyarde, Berne, sur les instances de Genève, en ajournera durant huit années la ratification (1919-1927), espérant obtenir le large paiement que réclamaient certains membres du Conseil national: neutralité du lac de Genève, acquisition et libre disposition du Vorarlberg aux dépens de l'Autriche vaincue et, surtout, maintien éternel et intégral des zones franches aux dépens de la Savoie et du Pays de Gex.

Car à la neutralisation militaire de la Haute-Savoie, le prévoyant Pictet, pour préparer l'avenir et ménager toutes les avenues vers les frontières naturelles, avait fait ajouter par les Puissances le recul de la douane française et de la douane savoyarde : c'était l'annexion économique de districts dont, pour l'instant, on n'avait pas encore obtenu l'annexion territoriale. Pictet était trop bien placé pour ignorer la valeur réelle de cette fameuse pétition savoyarde qu'après l'échec des militaires, on avait apportée à la Diète, afin de l'émouvoir, et que la Diète avait prudemment écartée. Il ne s'en faisait pas moins le garant auprès du Conseil de Genève :

> On ne doit pas s'étonner de voir aujourd'hui la masse des habitants du Faucigny et du Chablais exprimer le vœu de s'adjoindre à Genève et à la Suisse. Là se concentrent depuis longtemps leurs intérêts, leurs habitudes de commerce et d'administration. Le transport journalier des denrées, facilité par de belles routes et la navigation du lac, établit des rapports que nourrissent des besoins réciproques. Genève est déjà, pour les habitants de ces provinces, un centre d'administration civile et judiciaire, qui ne pourrait être remplacé par aucune autre ville. Ils y trouvent les ressources d'une place de commerce, des secours pour l'éducation, des débouchés pour l'industrie...

Que serait-ce, — devait-on espérer, — quand trois ou quatre générations de zoniens auraient entretenu avec leur métropole économique ces rapports de province à capitale, de campagnards à citadins?

III

LES DETTES D'HENRI IV

Le 10 août 1919, six semaines après la signature du traité de Versailles, M. H. Micheli, Genevois de bonne marque, exposait aux lecteurs du *Correspondant* les sentiments de sa ville et de la Confédération, tout ensemble, à l'égard de la France :

> Depuis un demi-siècle déjà, nous avions pu apprécier la parfaite correction, disons mieux : l'entière loyauté et l'amitié sincère dont la France a fait preuve à l'égard de la Suisse, malgré certains conflits économiques. La France n'avait que des amis dans notre pays à la veille de la guerre. Depuis la guerre, le peuple suisse tout entier l'admire passionnément... L'attitude de la France tout entière lui a valu en Suisse et dans le monde entier une situation morale à nulle autre pareille, dont la plupart des Français ne se doutent pas encore aujourd'hui, mais dont ils ont tous le droit d'être fiers.

M. H. Micheli rappelait les beaux services et les grands bienfaits que les deux Gouvernements et les deux peuples avaient échangés au long des quatre années atroces de la guerre. Il insistait sur la pleine sécurité et sur les autres avantages dont le traité de Versailles venait de doter Genève et la Confédération; mais il pensait bien que dans les conflits économiques encore ouverts, ni l'une ni l'autre n'aurait à payer tous ces avantages par l'abandon des zones franches; si la France n'en voulait plus, la Suisse ou, du moins, Genève prétendait les maintenir au nom de la morale :

Il ne s'agit pas seulement du ravitaillement de la ville de Genève, qui saura bien se retourner vers d'autres marchés, si ceux des zones lui sont fermés. Il y a une question morale qui intéresse la France tout entière et tous les amis de la France en Suisse. Il s'agit de savoir si nous avons raison de compter sur la parole de la France, sur la signature que la France a apposée aux traités de 1815.

La définition est d'importance : l'affaire des zones a pu être jadis une question de ravitaillement, une question économique : c'est aujourd'hui une affaire plus grave de conscience et de serment, une question morale. Le mot était repris dans le même *Correspondant* du 25 juin 1921 par un anonyme, facile à reconnaître, qui avait tous les titres à exposer « ce que pensaient les Genevois » :

L'opinion suisse ne met pas dans la question *économique* des zones toute la passion qu'on lui prête en France. Mais elle met une passion ardente dans la question *morale* des zones. Car que diraient à l'avenir ceux qui ont souhaité la victoire de la France, comme une victoire du droit et une restauration de l'indépendance de la Suisse, en face d'un acte que le peuple suisse unanime devrait considérer comme une spoliation?... Ce que le peuple suisse défend, en défendant les zones, c'est l'idéal moral qu'il s'est fait de la victoire de la France.

Si en 1913-1914, en ce temps d'hégémonie allemande, où personne n'aurait cru possible que la France victorieuse fût un jour à même de dénoncer les traités de 1815, les « Messieurs du Haut » (1) n'avaient pas, cédant à un imprudent orgueil, publié, étalé au grand jour et porté jusqu'aux nues les lettres, rapports et dépêches, toutes les intentions et inventions, toutes les intrigues et manœuvres de leur négociateur Pictet de Rochemont, Genève serait en meilleure posture pour réclamer, au nom de la loyauté et de la morale, le respect des zones franches.

Les deux gros volumes de la *Correspondance diplomatique de Pictet de Rochemont,* scientifiquement édités par M. L. Cramer (Genève, 1914), ne laissent aucun doute sur la valeur morale que l'on peut attribuer à sa négociation et sur la validité juridique des stipulations qui en découlèrent. Puisque les Genevois reconnaissent que le maintien des zones n'est plus défendable sur le plan économique, notre devoir de vieux amis et de bons voisins est de transporter l'affaire, comme ils nous le demandent, sur le plan moral.

Dès le mois de mai 1814, n'espérant plus obtenir des Puissances la propriété pleine et entière du Pays de Gex, qu'il avait demandée, Pictet proposait à Talleyrand de « mettre les douanes françaises en dehors de ce pays » : ce serait « une véritable

(1) « On appelle ainsi les gens riches qui habitent le haut de la ville, vers la promenade de la Treille; c'est l'aristocratie du pays », disait déjà Stendhal.

économie pour la France de porter ses douanes au Fort de l'Ecluse et sur la cime du Jura, où leur surveillance pourrait être facile et efficace ». Le premier traité de Paris n'accorda pas ce report des douanes (30 mai 1814).

Un an plus tard, au lendemain de Waterloo, Pictet revenait à ses projets. Il fallait convaincre d'abord les Genevois. Pictet leur disait en son *Mémoire* du 16 juillet 1815 : « L'acquisition du Pays de Gex tout entier effraie plus nos concitoyens qu'elle ne les séduit », et pourtant, sans parler de la question militaire, elle aurait, « à côté des inconvénients reconnus, des avantages déterminants »;

avantages pour la communauté et l'Etat : on « assurerait nos subsistances et, augmentant considérablement la matière imposable, on donnerait une base plus large à notre système financier, dans un moment où nous avons le plus besoin de ressources nouvelles pour réparer et créer »;

avantages pour le commerce et l'industrie : « éloigner de nous la première ligne de douanes et écarter la possibilité de voir s'élever encore à Versoix ou à Ferney une ville française, dont les fabriques seraient en rivalité avec les nôtres »;

avantage des capitalistes : « offrir à nos concitoyens, que le commerce enrichit, des placements de fonds assurés et, dans les occupations de l'agriculture, une direction de leur industrie, salutaire à la fois pour eux-mêmes et pour l'Etat :

avantages politiques : « donner un but et un aliment à cette activité inquiète, *qui résulte d'un grand développement de facultés sur un petit théâtre* et que les Genevois risqueraient encore de tourner contre eux-mêmes, si leurs circonstances demeuraient à peu près ce qu'elles ont été avant qu'ils portassent le joug de la France ».

Comment opération si profitable ne serait-elle pas légitime ?... Genève entra tout aussitôt dans les vues de Pictet.

Mais les prudents et timides Confédérés estimèrent qu'à moins de « démembrement considérable de la France au nord, à l'ouest et au sud-ouest et nommément des provinces qui nous avoisinent », il fallait ne demander sur le Pays de Gex que deux clauses :

1° cession à l'Etat de Genève de Versoix et de quelques communes françaises, qui le séparent du canton de Vaud; la langue de terre, nécessaire pour obtenir la contiguïté, pourrait avoir plus ou moins de largeur;

2° neutralisation du reste du Pays de Gex aux mêmes conditions que le Chablais et le Faucigny, avec la clause que la ligne des douanes françaises serait transportée au delà du Jura.

La bande de contiguïté et le transport des douanes furent accordés, — mais non pas la neutralisation, — par le second traité de Paris (novembre 1815). Deux arguments de Pictet avaient convaincu les Puissances, et l'Angleterre, d'abord :

1° La France avait injustement enlevé aux Genevois le Pays de Gex, conquis et possédé par eux à la fin du XVIe siècle, et elle n'avait jamais remboursé, depuis 1593, deux millions de francs qu'Henri IV avait empruntés à Genève ;

2° la France et la Savoie avaient à leurs frontières des douanes, et très vexatoires, alors que Genève et la Suisse n'en avaient pas.

*
* *

Genève, à peine libérée de la domination française (décembre 1813), avait parlé de cette double dette, territoriale et financière, d'Henri IV dans le premier *Mémoire* qu'en janvier 1814, elle envoyait aux Souverains coalisés par trois députés, dont Pictet de Rochemont.

Henri IV avait assuré à la République de Genève la possession du pays de Gex et d'un district de la Savoie conquis par nos pères, en indemnité de deux millions de francs à lui avancés et des services militaires que nous lui rendîmes en surchargeant de dettes notre république. Les combinaisons de la politique du temps ne permirent pas l'exécution de cette promesse et la somme prêtée n'a jamais été remboursée.

Dans une lettre du 23 mai 1814 au plénipotentiaire d'Autriche, Pictet rappelait « les sommes avancées à Henri IV par les Genevois et qui n'ont pas été remboursées ». Dans son *Mémoire* aux Puissances du 25 mai, il reprenait le double argument :

Si l'extrême faiblesse de la République de Genève ne lui interdisait de faire valoir d'incontestables droits sur ce territoire, on ne pourrait élever aucun doute sur leur validité. Henri IV lui-même les avait reconnus en indemnité des sommes à lui avancées par la République et des services que les Genevois avaient rendus à sa cause. Si de si justes réclamations n'ont pas eu leur effet, si la possession permanente d'un pays que nous avions conquis et qui a été onze ans dans nos mains, ne nous a pas été assurée au traité de Lyon, si les deux millions de francs que nous avons prêtés à Henri IV demeurent encore dus, c'est qu'il arrive trop souvent que, dans les combinaisons de la politique, les faibles sont sacrifiés.

Ce vol de territoire et cette dette non remboursée ont été les gros arguments que, durant tout le XIXe siècle, les Genevois donnaient en faveur du maintien de la zone gessienne, comme de la zone savoyarde, qui en était une suite. J'ai entendu dix fois, de mes oreilles, des amis genevois de ma famille dire en ma petite ville du Jura, quand les longs dîners du 15 août avaient, comme de juste, ramené les discussions de frontières : « Payez-nous les millions d'Henri IV, et nous vous rendons les douanes à votre frontière ». Plus récemment encore, un haut diplomate suisse rappelait à l'un de nos ministres cette double créance, que stigmatisait dans la *Biographie de Charles Pictet de Rochemont*, parue en 1892, un autre Pictet (Edmond) :

En 1814, à l'appui de leurs demandes ou, — pour employer un terme plus en rapport avec leur position, — de leurs souhaits, les Genevois invoquaient des considérations d'équité. En 1590, le pays de Gex, cette petite province qui, topographiquement, fait partie de la vallée du Léman, avait été conquise sur le duc de Savoie, en réponse de la plus injuste agression de la part de ce prince et au prix des plus grands sacrifices, par la république de Genève, à ce moment alliée du roi Henri IV. En 1601, ce même Henri IV l'avait enlevée aux Genevois, sans motif comme sans indemnité, et, de plus, il s'était dispensé de rembourser à ses trop confiants alliés une dette assez considérable qu'il avait contractée envers eux.

Sur la « possession permanente d'un pays que nous avions conquis, qui a été onze ans dans nos mains », — comme disait le négociateur de 1814-1815, — et dont Henri IV a méchamment frustré la pauvre République du XVIe siècle, il n'est peut-être pas dix Genevois d'aujourd'hui qui cessent d'attribuer, ni cinq qui osent dénier une valeur quasi biblique à cette affirmation traditionnelle : sur ce point, les seuls érudits genevois, sans proclamer la vérité, gardent du moins le silence, depuis l'étude minutieuse qu'à la fin du XIXe siècle M. Fr. de Crue, professeur d'histoire et recteur de l'Université de Genève, a publiée dans les *Mémoires et Documents* de la Société d'Histoire et d'Archéologie genevoise. M. Fr. de Crue ayant retracé les relations de Genève avec la France des Bourbons, concluait :

Henri IV n'échappa point aux soupçons de projeter la réunion de la ville à son royaume; ces soupçons ne reposent que sur des on-dit, des propos de table, tenus par des huguenots mécontents. Les Bourbons, à l'imitation du chef de leur race, ont, en somme, toujours respecté l'indépendance de la république calviniste.

Les Genevois eurent plus de raison de se plaindre que Henri IV n'eût ni remboursé sa dette, ni observé le « contrat de Sancy » (traité de 1589), ni renoncé en leur faveur au pays de Gex. Toutefois, observons que *l'argent dû par le roi à la seigneurie représente, non pas une somme qui lui a été prêtée, mais essentiellement le montant des frais de la guerre que les Genevois eurent à soutenir contre la Savoie.* Le « contrat de Sancy » ne leur promettait, en outre, que des territoires dont le duc est resté maître, et le Pays de Gex en particulier avait été primitivement réservé aux Bernois. Les Genevois s'en emparèrent sous le nom du roi, qui ne s'engagea que très vaguement à le leur laisser.

En application de ce *Contrat,* le même de Sancy avait, par un *Acte,* autorisé le Conseil de Genève à prendre la garde et l'administration provisoires du Genevois et du Chablais, qu'avaient conquis et occupés les troupes franco-genevoises. Mais il ne leur en donnait ni la souveraineté, — laquelle n'appartenait encore, de par les traités antérieurs, qu'au duc de Savoie, — ni même la propriété ou seigneurie définitives, lesquelles ne pouvaient être réglées que par le futur traité de paix avec le duc : en ce traité seulement, le roi serait engagé par l'alliance de 1589 à exiger pour Genève la propriété, souveraineté, seigneurie et tous droits consécutifs sur les bailliages savoisiens de la rive gauche, si, d'ici là, — n'oublions pas la condition, — ni « ceux de Genève ni aucun de sa part » n'avaient fait paix ou accord séparés à l'insu ou contre le gré du roi. Bernois et Genevois ont-ils tenu parole ? Les Bernois firent leur paix séparée et leur alliance avec le duc dès 1589, et les Genevois, leur trêve, puis leur paix dès 1597. C'était Berne pourtant qui avait fait insérer la clause qu'« aucune partie ne pourrait faire la paix avec la Savoie, sans le consentement de l'autre » et, dès 1579, des serments solennels avaient été échangés sur cet engagement.

En janvier 1590, les troupes franco-genevoises, sous le commandement des officiers du roi, avaient surpris pour la seconde fois la ville de Gex et son château. Elles l'avaient occupé définitivement à la fin de cette même année, après une courte reprise par les troupes savoyardes. Avec la permission du roi, les Genevois avaient installé à Gex un de leurs bourgeois comme gouverneur. Il ne s'agissait, encore ici, que de garde et d'administration provisoires. Sillery, l'ambassadeur du roi auprès des Cantons, fit à ce sujet toutes les réserves et demanda toutes les précisions nécessaires : rien n'était changé aux stipulations territoriales du traité de 1589; Genève n'avait rien à prétendre en ce Pays de Gex, que le roi réservait toujours à Berne, comme prix d'une rentrée dans la guerre.

Par lettres-patentes du 20 avril 1593, Henri IV, à son tour, précisant la condition du territoire gessien sous l'occupation franco-genevoise, avait étendu au bailliage de Gex la « remise en garde » que Sancy avait accordée pour les bailliages de la rive gauche.

Jusqu'au traité de Lyon (janvier 1601), ce fut en vertu de ces lettres-patentes que Genève, durant les huit années 1593-1600, administra ou, plutôt, exploita provisoirement le pays. Cette « remise en garde » et en profit n'entraînait, en effet, que la gérance et la police provisoires, le droit de rendre la justice et de recueillir les impôts; elle ne décidait rien de la propriété souveraine, ni même de l'attribution, possession et administration définitives.

C'est pourtant dans ces lettres-patentes de Mantes (20 avril 1593) que Pictet de Rochemont et la plupart des Genevois, avant et après lui, ont trouvé pour leur ville une cession de la souveraineté sur le Pays de Gex et sur tous les bailliages savoisiens autour de Genève.

Voici ces lettres-patentes, antérieures au parjure et à la défection de Genève :

En attendant que puissions aultrement subvenir aux despenses où lesdits Seigneurs de Genève sont constituez pour leur deffense contre ledit duc de Savoye et mesmes pour ayder à l'entretènement du Sieur baron de Conforgien que leur avons envoyé pour la conduicte des affaires de la guerre et de leurs soldats, à iceulx avons permis, octroyé et accordé, permettons, octroyons et accordons qu'ils puissent faire telle levée qu'ils congnoistront nécessaire, soit en deniers ou autrement, sur tous les habitants des dits bailliages qui sont autour de ladite ville, comme Gex, Chablais, Foucigny et lieux adjacens, *qui ont été conquis sous nos enseignes* sur ledit duc et où il tient encore des forts, — à bailler à rente, vendre et allièner les terres du domaine dudit duc, sy aucuns y a ausdits bailliages, ou appartenans à d'autres qui suivent son party, pour estre les deniers en provenance employez à l'entretènement de leurs soldats et aultres choses nécessaires pour la guerre, et leur avons en oultre accordé de faire exercer la judicature ausdits bailliages et de faire contraindre les habitants d'iceulx de subir jugement par devant les juges qui seront par eulx establis, car tel est nostre bon plaisir.

Le caractère provisoire de cette concession apparaît dès le début, *en attendant que... :* le roi a des dettes envers Genève; s'il avait de l'argent, il verserait le total ou des acomptes et ne concéderait rien au Pays de Gex ni sur les autres bailliages; dès qu'il en aura, il pourra retirer ce gage. Où trouver la propriété dans ce permis de jouissance, la souveraineté dans cette cession temporaire des droits utiles, juridiction et péages? Tous les mots indiquent, au contraire, que le roi, se tenant pour le maître de l'heure, confie à un gérant, lieutenant ou vassal, la jouissance et l'administration, dont il garde le contrôle; il n'abandonne en aucune façon la propriété, souveraineté, seigneurie, comme on dit alors en telles conventions de même sorte.

En 1595, deux ans après ces lettres, les Genevois demandèrent, pour la première fois, — dit M. de Crue, — que le roi leur garantît la possession du bailliage de Gex : c'est le refus du roi qui semble avoir décidé la défection genevoise. Mais Genève ne craignit pas d'avancer une nouvelle demande en 1598, malgré cette « rupture de l'accord que nous avons ensemble », disait le roi, qui s'en plaignait avec vivacité : nouveau refus du roi, qui ne changea rien pourtant à la garde et jouissance provisoires.

Jusqu'en 1601, jusqu'à la paix de Lyon entre le roi et le duc, c'est « au nom du roi » que Genève administre ce pays, entièrement séparé de la France par la Comté espagnole et par les Bresse, Bugey et Valromey savoyards. Ce sont des officiers du roi, qui, aux frais du roi, commandent les troupes franco-genevoises, « sous les enseignes du roi », et le juge, envoyé de Genève, est investi « au nom du roi et de Messieurs de Genève ».

Quand un juge savoyard interdit aux sujets des bailliages de subir un jugement autrement que devant lui à Viry, sous peine d'être châtiés corporellement, le Conseil de Genève se hâte de répondre par une contre-défense : « Deffenses de la part de Messeigneurs, *au nom du Roy,* de se convenir les ungs les aultres, ny subir jugement par devant aultres juges et officiers que ceulx qui leur sont ordonnez et establis de la part de Messeigneurs, *au nom de Sa Majesté* ». Pendant un certain temps, le juge genevois a auprès de lui un procureur royal et les Gessiens ont juré fidélité au roi de France.

Dans sa requête de 1595, le député de Genève avait demandé que « le Pays de Gex *ou quelque autre territoire autour de la ville* leur fût laissé ». J'ai dit comment, au traité de Lyon qui lui cédait Gex, mais l'obligeait à ne jamais céder à un tiers les terres de la rive droite, Henri IV s'arrangea pour être libre de disposer de la rive gauche et comment il donna, en 1604, à Genève, qui l'avait trompé et à laquelle il ne devait aucun agrandissement, ces terres gessiennes « autour de la ville ».

M. de Crue me semble donc avoir démontré l'erreur de Pictet touchant « la possession du Pays de Gex qu'Henri IV avait assurée à Genève », de ce Pays « que nous avions conquis et qui avait été onze ans dans nos mains ». L'erreur n'est pas imputable à Pictet lui-même : il l'avait puisée dans l'*Hitoire de Genève* de Picot, dont il avait, — nous dit-il, — apporté le second volume au plénipotentiaire autrichien Wessenberg, après en avoir « marqué les pages »... Mais cette erreur involontaire reste à la base des stipulations de 1815, et sur la dette financière du roi, peut-être en va-t-il tout autrement de la bonne foi du négociateur genevois.

*
* *

Le traité de 1579, signé par Henri III avec Berne et Soleure pour la « tuition » de Genève, avait prévu les subsides du roi tant en paix qu'en guerre : c'est le roi qui solderait, « à ses frais et dépens », la garnison de paix que Berne et Soleure auraient l'occasion d'accorder », et, « s'il avenoit que ladite Ville de Genève fût assiégée par qui que ce soit et que, pour la secourir, lesdits sieurs de Berne et de Soleure fussent contraints de dresser une armée, en ce cas, Sadite Majesté sera tenuë de les secourir et aider de la somme de quinze mille écus de quatre testons piece pour chacun mois, pour tout secours, tant et si longuement qu'il y aura armée en campagne pour la deffense de la dite ville ».

Le traité de 1589, signé par Henri III et ratifié par Henri IV en 1592, décida pareillement que la guerre contre la Savoie serait faite par Genève, Berne et la France, « aux frais et dépens du roi », lequel aurait à rembourser toutes les dépenses de ses deux alliées.

« Frais et dépens du roi » étaient de style plus que de vérité. Quand on se rappelle comment tous les rois de France, depuis François 1er jusqu'à Henri IV, devaient chaque année entamer de laborieuses négociations avec les diètes helvétiques pour obtenir, reporter, acquitter en partie ou augmenter et reporter encore et promettre d'acquitter, puis reporter encore et traîner sans fin les emprunts qu'ils voulaient contracter ou qu'ils avaient contractés en levées et soldes de troupes, on se demande si cette garnison de 1589, puis cette guerre désirée et préparée antérieurement par Genève et Berne n'étaient pas stipulées aux nom, frais et dépens du seul roi de France, par un subterfuge diplomatique.

Les Bernois, en vérité, se doutaient bien qu'ils la feraient à leurs propres dépens, pour servir leurs seuls intérêts. Berne avait à défendre le Pays de Vaud qu'elle venait d'enlever au Savoyard; elle convoitait le Pays de Gex, qu'elle avait occupé une fois en 1536, mais qu'elle avait dû rendre au duc en 1564, et la sûre frontière du Rhône ; pour elle, Genève était la forteresse avancée de ces deux pays. Berne savait, par une longue expérience, qu'au bout du compte, elle supporterait, en totalité ou partie, les frais des garnisons et expéditions soldées par Henri III : en mars 1588, elle avait offert au roi de « mettre à sa disposition dix mille hommes, s'il voulait couvrir de son nom les opérations militaires, qui dégageraient Genève de sa périlleuse situation », dit l'historien suisse Ed. Rott.

Mais il fallait que le nom du roi de France « couvrît » ces opérations. La jalousie la plus envieuse, sans parler des haines de religion, jetait quotidiennement aux prises les cantons confédérés, que l'exercice de la seule industrie commune mettait en aigre concurrence commerciale : toute la Suisse d'alors vivait principalement des gens de guerre, dont elle vendait ou louait les services à ses voisins; elle fournissait indifféremment à la France, à la Savoie, au roi d'Espagne, à la Ligue, au Pape les gens de pied; l'Allemagne fournissait les cavaliers, les reîtres; « sans estrangers », aucun Etat du Continent, sauf l'Espagne et le Turc, ne pouvait alors « tenir aucun corps d'armée ». Les cantons catholiques penchaient plutôt vers la Savoie et l'Espagne. Les cantons protestants, Berne surtout, restaient plus fidèles à l'esprit et à la lettre de l'alliance perpétuelle, que tous les Confédérés avaient signée, dès 1453, avec le roi de France.

L'acquisition du Pays de Vaud, qui faisait la grandeur et la richesse de Berne (c'était la seule contrée vraiment fertile de toute la Suisse), lui valait aussi la furieuse envie de tous ses voisins. Les intrigues, promesses et soldes du duc de Savoie avaient achevé d'exciter les cantons catholiques. Si Berne eût déclaré, de son chef, la guerre au Savoyard, il est probable qu'une alliance de ses Confédérés et de son ennemi lui eût jeté sur le dos toutes les troupes de son voisinage.

Mais, en ce traité de 1589, Berne semblait n'user que du droit, qu'avaient tous les Confédérés, de se mettre à la solde du roi de France, pour une opération que leur religion ordonnait peut-être aux catholiques de blâmer, mais que la morale helvétique et les usages internationaux d'alors reconnaissaient comme pleinement licite.

Il est probable que, si Henri III avait vécu et si la guerre s'était terminée de son vivant, ni Berne, ni Genève, après leur manquement à la parole jurée, n'aurait osé réclamer un sol de leurs dépenses à ce roi « papiste ». Mais Henri IV était encore calviniste et Genève restait encore fidèle à son serment d'alliance, quand le Béarnais ordonnait à son intendant des finances, G. de Bussy, de dresser « l'estat des sommes fournies par la Seigneurie de Genève pour le service du Roi pendant la guerre de Savoye ». Cet état fut achevé le 26 février 1593. Henri IV signa en conséquence et remit aux Genevois la reconnaissance de dette et l'obligation que voici.

Datée du 11 janvier 1594, elle était donc postérieure de cinq mois à l'abjuration royale (25 juillet 1593). Elle en porte quelques traces évidentes. Henri IV connaissait la surprise un peu indignée que Genève ressentait de ce retour aux idoles : il en pouvait prévoir et redouter les effets sur l'alliance, qui durait encore, mais qui, de fait, en fut profondément ébranlée; il savait que rien ne pouvait remédier à cette pieuse indignation, mieux qu'une large promesse de beaux écus sonnants.

Il savait, d'autre part, que tout paiement à la Rome de Calvin soulèverait une indignation non moindre en ce Paris que venait de lui rendre sa messe : aussi, dans le préambule, vante-t-il et prend-il à son compte, doit et avoir, toutes les charges et utilités de cette guerre, que Genève avait entreprise et soutenue, non pour lui, mais pour les territoires qu'elle en espérait et que, d'avance, elle avait stipulés au traité de 1589 :

Nos chers et bons amis les Seigneurs de Genève nous ont fait remontrer par leur agent comme, selon l'affection qu'ils ont toujours portée au bien de cet Etat, ils ont donné tout le secours et assistance qu'ils ont pu pour l'avancement des affaires... Après usurpation faitte par le Duc de Savoye du Marquisat de Saluces et sur les entreprises diverses que ledit Duc avoit sur plusieurs places de ce Royaume, ayant le feu Roy envoyé au païs de Suisse le Sr de Sancy pour empecher les desseins du Duc et tirer secours de gens de guerre, lesdits Seigneurs de Genève l'auroient assisté de bonnes et nottables sommes de deniers et choses nécessaires, pour la levée de l'armée qui fut par luy amenée et conduite en notre Royaume. En outre, et en la mesme année et autres suivantes, la seigneurie de Geneve se seroit employée en la guerre de Savoye de telle façon qu'elle a détourné et fait consumer inutilement les forces qui étaient préparées contre notre Royaume, ayant aussi pour ce faire fourni autres grandes sommes de deniers..., ils doivent être remboursés des frais et sommes de deniers qu'ils auront avancées pour notre service en ladite guerre...

La suite exposait les précautions prises par le roi pour ne rien payer en trop : « Un des intendants de nos finances ayant veu et vérifié les sommes fournies par ladite Seigneurie, lesquelles, suivant le rapport qu'il en a fait à notre Conseil, se trouvent monter à la somme de trois cent cinquante-sept mille trois cent quarante écus, trente-six sols, sept deniers ».

Pour ces causes, nous auroient lesdits Seigneurs de Geneve suplié de les faire payer et rembourser presentement de partie de ladite somme sur les deniers de nos finances et, pour le surplus, leur en faire rente sur notre domaine. Nous, ayant le tout diligement examiné en notre Conseil, en considération du bon, fidel secours et signalé service que nous avons reçû de ladite Seigneurie de Geneve, tant en ladite guerre de Savoye qu'autres occasions importantes pour le bien de cet Etat et Couronne, voulant les rembourser desdites sommes et gratifier en outre en toutes occasions qui se pourroient presenter... et confirmant et ratifiant ledit contrat du 15 février 1589, déclarons et reconnoissons devoir auxdits Seigneurs de Geneve ladite somme de 357.340 écus 36 s. 7 d., dès le temps contenû audit état et vérification, comme ayant été payée, fournie et déboursée par eux en l'urgente nécessité de nos affaires, et pour le bien et secours de cet Etat et Royaume, promettons, en bonne foy et parole de Roy pour nous et nos successeurs Rois, payer et faire payer auxdits Seigneurs de Geneve, ou à ceux qui d'eux auront charge et pouvoir, ladite somme de 357.340 écus 36 s. 7 d. et leur en faire donner bonnes et valables assignations aussitost que la commodité de nos affaires le pourra permettre.

Après la défection de la Seigneurie, qui suivit bientôt après, Henri IV aurait eu le droit strict envers Genève et même le devoir envers son peuple de rejeter les charges du traité de 1589, — donc son obligation et sa dette, — en retournant le vieux proverbe : *Pas de Suisses, pas d'argent.* Mais Henri III et Henri IV avaient donné leur « foy et parole de roy, pour nous et nos successeurs rois ». Jamais Henri IV ni ses successeurs n'alléguèrent les manquements de leur alliée pour renier leurs propres signatures et refuser le paiement de trois cent cinquante-sept mille trois cent quarante écus, trente-six sols et sept deniers.

Pictet de Rochemont était, en 1814, trop modéré en ses estimations : il pensait que trois cent cinquante-sept mille trois cent quarante écus (de trois livres), trente-six sols et sept deniers, après deux cent vingt ans d'intérêts composés, ne faisaient que « deux millions de francs ». Or, l'intérêt stipulé était au denier douze, soit 8 1/3 pour cent : de 1594 à 1814, l'or avait perdu trois quarts au moins de sa valeur; en monnaie de 1814, le seul capital initial aurait valu, pour le moins, non plus un million soixante-douze mille livres (en chiffres ronds), mais trois millions de francs; à ce capital, il convenait d'ajouter, — diront les Genevois de 1725, — deux cent vingt ans d'intérêts composés à 8 1/3 pour cent...

En 1930, cette dette de la France (j'ai fait faire le calcul par des mathématiciens infaillibles) équivaudrait pour le moins à cent vingt et un mille cinq cents trillions d'écus or, soit quelque mille huit cents quadrillions de francs papier, hypothéqués, — suivant les termes de l'obligation, — sur « tous et chacun de nos biens, terres et seigneuries héréditaires, en quelque lieu qu'ils peuvent être situés, tant dedans que dehors ce royaume et domaine de notre couronne, sur présents et à venir deniers de nos finances, tant ordinaires qu'extraordinaires, et toutes aultres choses quelconques nous appartenant ». Non seulement toute la France métropolitaine, et la Corse, et les trois départements algériens, et tous les biens meubles et immeubles de l'Etat et des particuliers, mais encore toutes nos colonies et terres de protectorat ou de mandat en Afrique, Asie, Océanie et Amérique, bref, toutes nos propriétés sous le soleil et nos linges et vaisselles en nos armoires ne pourraient pas, vendus au plus haut prix, nous dégager de cette dette...

M. de Crue a raconté par le détail comment, incapable de payer le moindre sol, vu « l'incommodité de ses affaires », Henri IV, durant les six premières années de son règne, répondit aux réclamations de Genève, tantôt par des acomptes, tantôt par la permission de faire des levées sur les bailliages savoyards, et surtout par des privilèges ou des commodités de résidence et de commerce ou des franchises pour la traite du sel.

Après la paix de Lyon (1601), il fut en état de multiplier les acomptes. Mais il se vit en butte à d'autres empêchements, sur lesquels M. de Crue appelle l'attention de ses compatriotes : Henri IV n'était pas un roi absolu; il ne pouvait rien en pratique financière sans le concours de ses Chambres des Comptes qui, foncièrement catholiques en majorité, alléguaient, — avec raison, — la condition violée du traité de 1589 pour déclarer ne rien devoir à ces « traîtres » Genevois.

Henri IV, toujours fertile en stratagèmes, chercha et trouva le moyen de passer outre : après l'Escalade (décembre 1601), il commença de servir chaque mois à Genève une subvention extraordinaire de cinq mille écus d'or qui, régulièrement payée en 1602-1603, permit à la République d'imposer au duc de l'Escalade la paix de Saint-Julien.

Au mois de septembre 1603, la paix conclue, une subvention ordinaire mensuelle de deux mille écus d'or fit suite à la subvention extraordinaire de cinq mille écus d'or : « Henri IV, — dit M. de Crue, — était plus disposé à servir une pension aux Genevois qu'à leur payer ses dettes. D'abord c'était plus royal. Et puis le service d'une pension ne passait pas par toutes les formalités des Cours souveraines. »

Les Cours souveraines, en effet, surtout les Parlements de Paris et de Dijon, gardant toujours contre la Rome des huguenots leur vive antipathie, refusaient de vérifier et d'enregistrer la dette de guerre... Le Conseil fédéral de 1930 compatira sûrement à ces embarras royaux : il sait, par expérience, qu'aujourd'hui même, les signatures qu'il donne aux puissances étrangères peuvent être protestées par le *référendum* du peuple souverain.

Le roi de France faisait tout son possible pour tenir ses engagements, dans le fond et dans la forme. Il était aidé par Sully qui, non seulement gardait un cœur fidèle à la religion et à ses coréligionnaires de Genève, mais voyait aussi en ces versements mensuels une extinction progressive, — nous dirions : un amortissement, — de la dette : le député de Genève, Chapeaurouge reconnaît que ces subventions, destinées à l'entretien de la garnison de Genève, étaient délivrées « à bon compte de la dette du roi ». Ce mode était, d'ailleurs, conforme au vœu même des Genevois : ils avaient demandé qu'après l'acompte d'un septième (qui leur avait été versé), le reste leur fût payé sous la forme d'une rente.

La Chambre des Comptes genevoise constatait donc qu'à la date du 12 novembre 1606, le roi lui avait versé, au total, une somme de cent cinquante mille écus d'or, « les deux tiers de la somme que le roi de France devait à Genève *et dont il finit de rembourser l'équivalent au moyen des subventions suivantes* », dit M. Fr. de Crue. Car la mensualité royale, sur le pied de deux mille écus, fut continuée régulièrement pendant dix ans, jusqu'en 1616-1617, puis irrégulièrement pendant dix années encore jusqu'en 1624 ou 1626. Le compte final est ainsi dressé par M. Fr. de Crue :

> En 1606, il est constaté que le député de Genève a retiré du trésor royal de France une somme de... 150.000 *écus*.
>
> Il y faut ajouter la subvention annuelle de 24.000 écus pendant dix ans, de 1607 à 1616, toujours régulièrement payée; cela fait un total général de... 390.000 *écus* d'or, dépassant le montant de la dette, même en défalquant la commission perçue pour anticiper le paiement.
>
> De 1617 à 1626, des ordonnances de paiement furent encore délivrées annuellement, mais l'argent ne fut pas toujours versé.

Des calculs plus récents ont fait baisser à 376.000 écus le total général jusqu'en 1616.

Je n'ai pas pu trouver de précision sur les versements de 1617 à 1626; il serait invraisemblable, néanmoins, que l'on ne pût pas les chiffrer à la moitié environ des assignations qui se montèrent à 120.000 écus : c'est encore au compte de la France une somme de *soixante mille écus* pour le moins. En fin de compte, 436.000 écus furent remboursés pour une dette de 357.000.

Mais le compte, ainsi dressé, n'est pas complet. Il y faudrait ajouter les dons extraordinaires du roi. En 1607, pour se garer des menaces d'un siège espagnol, les Genevois demandent un cadeau de cinquante mille écus, dont trois ou quatre mille pour la réparation de leur flotte de guerre, car les galères du duc et de la seigneurie se battaient sur le lac. Henri IV les rappelle à la discrétion : « Ventre-Saint-Gris! je ne suis pas tenu de fournir à toutes vos nécessités! Il faut demander à son ami ce qui est honeste! ». Mais Sully leur accorde dix mille livres « pour les vaisseaux ».

Il faudrait ajouter encore les sommes envoyées à plusieurs reprises par nos grands seigneurs huguenots ou quêtées par les députés de Genève à travers les Eglises de France : une seule de ces tournées valut à la République trente mille écus.

Un autre total, bien plus important même que tous ces versements, serait fourni par les gains, profits et revenus des franchises, exemptions et immunités qu'Henri IV accorda d'une main trop libérale tant à la République qu'à l'ensemble ou à tels et tels de ses bourgeois. L'estimation exacte en est impossible; mais la plus basse dépasserait, et de beaucoup, plusieurs vingtaines de milliers d'écus par an, — et elles ont duré de 1604 à 1792.

Vers 1680, un *Mémoire* estime à quatre cent cinquante mille livres les profits annuels qu'en tire Genève, sans compter la valeur en capital d'autres tolérances ou abus. En ne prenant que la moitié ou même le tiers de ces chiffres douteux, il n'aurait pas fallu les dix années de 1606 à 1616 pour que la seigneurie fût remboursée, et au delà, de toute la dette de 1593 et des intérêts composés à 8 1/3 %, qui, d'ailleurs, avaient été spécifiés pour une fraction seulement de la dette, pour les frais de Genève antérieurs au traité de 1589, soit 55.000 écus; la dette de guerre subséquente, soit 270.000 écus, ne comportait pas d'intérêts.

Un chiffre certain nous est donné pour la moindre de ces tolérances : les propriétés particulières de quelques Genevois en terres gessiennes furent dispensées, durant deux siècles, de quelque cinq cents écus de tailles annuelles.

Même en nous en tenant aux seuls versements chiffrés par M. Fr. de Crue, comment ne pas admettre sa conclusion dernière? « Sans doute, Henri IV ne se libéra pas de l'obligation de trois cent cinquante-sept mille écus, souscrite par lui; mais lui et son successeur ont donné à la ville une somme équivalente. Comme ce fut, il est vrai, sous la forme d'une subvention pour la garnison de la ville, la République réclama, jusqu'au milieu du XVIIIe siècle, avec le montant des intérêts composés, le remboursement total de cette dette que Sully prétendait éteindre de cette façon ».

« La République réclama *jusqu'au milieu du* XVIIIe *siècle...* » ; intérêts composés sur tout le capital de l'obligation...; remboursement total... : chacun de ces mots de M. Fr. de Crue pourrait nous enseigner de quelle façon Genève entendait les affaires. L'historien genevois néglige d'indiquer (les fils de Noé voilaient pudiquement la coupable ivresse de leur père) comment ces réclamations cessèrent au milieu du XVIIIe siècle et pourquoi elles reprirent en 1814-1815. La vérité est que les Genevois, dans un traité public du 11 août 1749, renoncèrent à toute prétention à ce sujet, se déclarant payés et désintéressés par les concessions territoriales et juridiques, qu'ils avaient sollicitées du roi pendant un quart de siècle et qu'énonçaient les premiers articles de ce traité :

> Art. X. — Au moyen des arrangements stipulés par le présent traité entre Sa Majesté et la République de Genève, les deux parties ne pourront plus rien prétendre ni demander à l'avenir de part et d'autre, sous quelque titre que ce soit.

Le roi de France, après cent cinquante ans révolus, ne voulait pas, dans un acte public, désigner plus expressément les dettes pendantes de son ancêtre. Mais il était entendu, convenu entre les deux parties que ces dettes étaient en cause : une négociation d'une année les avait débattues et le roi ne ratifia ce traité qu'après le renvoi par la seigueurie et la remise par les députés genevois de l'obligation qu'avait signée Henri IV et que les Genevois gardaient jalousement.

En 1750, ce beau parchemin quitta Genève pour toujours : rapporté à Paris par les députés de la

République, il fut, suivant toutes les formes, délivré à notre ministre des Affaires étrangères, M. de Puysieulx, et confié par lui à Le Dran, « garde du Dépôt » de ce ministère, qui, de sa main, inscrivit la note marginale :

Genève 1594, 11e *janvier.* — Lettres patentes du Roy Henri IV à Mrs de Genève pour 357.340 écus 36 s. 7 d. que Sa Majesté leur devoit.

Nota : Cette obligation du Roy Henri IV a été renvoyée par Mrs de Genève et remise par MM. Saladin et Sellon, de leur part, en mars 1750, à M. le marquis de Puysieulx, ministre et secrétaire d'Etat ayant le département des Affaires étrangères, cette obligation se trouvant annulée par le Xe article du Traitté signé entre le Roy et cette Ville, à Paris, le 15e aoust 1749.

Cette pièce, précieuse pour l'honneur de la monarchie, importante pour nos frontières, fut jointe aux autres lettres et notes de ces longues négociations. Elle fut classée à sa date, dans une des armoires les plus secrètes, parmi les « traités de limites » (*Correspondance politique : Genève, supplément*, t. II, folio 30). Elle y fut oubliée pendant les guerres de la Révolution et de l'Empire, qui refaisaient nos limites sur le terrain et non sur le papier. En 1814-1815, personne ne s'en souvint, quand se produisirent les allégations écrites de Genève, qui ne furent connues que des Puissances alliées, et l'allégation orale de Pictet devant leurs plénipotentiaires. Au long du XIXe siècle, nos archivistes et diplomates n'eurent pas l'idée de chercher ce papier de finances parmi les procès-verbaux de bornage et les tracés de frontières désuètes. Je ne l'ai retrouvée qu'après des mois et des mois de recherches et grâce au hasard autant qu'à une ancienne fréquentation de cette armoire mystérieuse.

Est-il vraisemblable qu'un pareil oubli ait causé, en 1814, l'erreur du magistrat de Genève et de Pictet lui-même? ou toutes les concessions territoriales et toutes les servitudes douanières, qu'en 1815-1816, Genève et la Suisse obtinrent des Alliés, reposent-elles sur une contre-vérité volontaire, officiellement alléguée par les négociateurs de la République et de la Confédération?

Puisque le *Compromis* actuel *d'Arbitrage* doit « fixer l'interprétation » et régler « l'exécution » de l'article 435 du traité de Versailles, qui vise l'abrogation des traités de 1815; puisque ce *Compromis,* en son article premier, charge la Cour Permanente de Justice Internationale de dire si, oui ou non, sont abrogées les stipulations du Protocole du 3 novembre 1815 et du Traité du 20 novembre 1815; puisque le même *Compromis* stipule, en ce même article premier, que l'on tiendra « compte de tous faits antérieurs au traité de Versailles et jugés pertinents par la Cour » : il vaut la peine que nous sachions au juste comment, en 1750, nous avons obtenu la rentrée de cette obligation royale.

Tel est aussi l'avis des Genevois. Le Pictet de 1892, — Edmond, — connaissait le traité de 1749 et savait qu'après ce règlement de tous comptes et de toutes dettes, l'obligation royale nous avait été rendue; pour innocenter, sans le dire, le Pictet de 1814-1815, il avait découvert une excuse :

« En 1749, le marquis de Puisieux, ministre de Louis XV, avait exigé et obtenu de la faible république sa renonciation formelle à tous ses droits à cet égard. »

L'opinion de M. Edm. Pictet, — le seul Genevois qui, à ma connaissance, ait osé parler, avant moi, de ce traité de 1749, — est donc que, loin de réparer, par une honnête transaction, les torts de la France à l'égard de Genève, ce traité a été un acte d'injuste violence qui n'a fait que les aggraver...

Voici le simple résumé des faits.

Je n'ai pu établir si, au cours du XVIIe siècle, les dettes d'Henri IV furent l'objet de négociations ou de remontrances genevoises. Il semble que la question assoupie n'ait jamais troublé l'intimité que les Bourbons entretenaient avec Genève.

Quelques allusions éparses dans la correspondance des deux gouvernements semblent indiquer que, sous le Grand Roi, la République songea peut-être à hasarder un rappel de sa créance; mais je n'ai rien trouvé de formel à ce sujet.

Plusieurs années de recherches dans nos archives du XVIIe siècle, tant aux différents dépôts de Paris qu'à Dijon, Besançon et Lyon, donneraient-elles quelques résultats? Il me reste peu d'espoir dans le succès de ces recherches. Si la Genève du XVIIe siècle avait gardé confiance en ses droits à un remboursement ou si elle en avait escompté quelque réel profit, elle aurait eu un beau précédent dans le traité du 3 janvier 1692, que signaient Louis XIV et les Bernois pour le règlement des dettes de

Charles IX et d'Henri III, montant à près d'un million de livres :

Pour la satisfaction et paiement desdites deux sommes de 554.800 livres en capitaux portant intérest et 414.462 livres en intérests écheus ledit jour dernier décembre 1691, le roi promet de faire fournir, annuellement et de quartier en quartier, à ladite République de Berne, par les fermiers des salines de Franche-Comté, jusques à l'entier et parfait paiement des deux sommes cy-dessus dites et des intérests qui écherront à l'avenir, la quantité de 5.500 bosses et 7.500 charges de sel.

Genève, elle aussi, était fournie de sel par la France; elle payait annuellement une grosse somme pour son ravitaillement; pourquoi ne demandait-elle pas un pareil règlement de sa créance?

Plusieurs indices et incidents prouvent que, satisfaite des immunités et franchises dont elle jouissait en France, elle continuait d'en estimer le profit supérieur de beaucoup aux sommes qu'un pareil règlement aurait pu lui valoir. Elle ne se souciait pas d'une négociation où la maintenance de ces privilèges aurait pu courir des risques.

C'est après Louis XIV seulement, durant les bonnes années de la Régence, en 1725, qu'elle sembla découvrir cette possibilité de règlement saunier. Du moins, rien dans les lettres de notre résident à Genève ne fait prévoir le réveil du litige durant les années antérieures à 1726.

La France est représentée à Genève, depuis 1698, par un sieur de La Closure, qui semble fort appliqué aux devoirs de sa charge, très soigneux de toutes les affaires du roi, mais fort mal en point dans ses propres affaires. La longue guerre de la Succession d'Espagne l'a ruiné. Ses appointements médiocres et irrégulièrement payés, la cherté de la vie, la perte au change (189/100), la baisse des rentes françaises, la hausse de l'escompte et de l'intérêt genevois l'ont mis entre les mains des banquiers. Il doit à un sieur Fatio près de cent mille francs. En arriérés et indemnités diverses, le roi ne lui en doit que cinquante mille. Il n'a plus de crédit. Sa vaisselle d'argent, qui pourrait servir de gage à un dernier emprunt, lui est indispensable pour tenir une table digne de S. M.

Brusquement, le 5 janvier 1726, La Closure annonce à son Ministre l'ouverture, qu'est venu lui faire le premier syndic Sartoris, « sur une démarche que le magistrat de Genève médite et renvoie depuis bien des années, par rapport à une dette très considérable et en même temps très ancienne, contractée par les rois Henri III et Henri IV, de glorieuse mémoire, et dont cette Ville-ci est en avance pour des besoins et services rendus à la Couronne, sans en avoir touché que quelques parties en déduction d'arrérages » :

Le Magistrat ne se propose point d'en faire une négociation formelle; pour mieux marquer encore son zèle et ses attentions respectueuses pour S. M., il s'est d'abord porté à réduire une somme qui a si fort accumulé les arrérages, à la simple rente en sels nécessaires pour la consommation ordinaire de cette Ville et de son territoire, laquelle rente ne seroit pas, à beaucoup près, une compensation du capital de la dette, indépendamment des grands arrérages, qui forment une somme totale de plusieurs millions.

Le syndic a demandé les bons offices de La Closure à l'appui de cette requête. En toute conscience, La Closure n'a pas pu les refuser : depuis vingt-sept ans qu'il réside à Genève, on lui avait souvent parlé de cette dette en des conversations particulières; mais il n'aurait «jamais cru que cette créance allât si loin », ni que les titres en « fussent si bien établis ». Il appelle donc toute l'équité du Ministre sur cette requête.

Il fait valoir la modération du règlement proposé. Ce n'est point, au reste, le roi qui en fera les frais : quand Elle renouvellera le contrat des gabelles avec les fermiers-généraux, S. M. n'aura qu'à leur imposer cette condition nouvelle; ils sauront bien récupérer les sept mille minots de sel qu'annuellement, il leur faudra donner gratis à la République. C'est le roi, par contre, qui aura le principal du bénéfice; car la seigneurie, vendant le sel à ses bourgeois, natifs, habitants et sujets, emploiera ce nouveau revenu aux fortifications qu'elle a décidé de construire ou de réparer et pour lesquelles une loterie vient d'être ouverte en 1724; ces fortifications sont conformes tant à « l'intérêt particulier que S. M. peut trouver en la conservation de cette ville (ainsi l'ont toujours entendu Ses Prédécesseurs de glorieuse mémoire) qu'à la sûreté de son royaume et de ses provinces-frontières ce côté-cy ». De par les traités, le roi jouissait, mais n'usait pas du droit de tenir garnison dans Genève, pour défendre notre frontière contre un assaillant.

Tel est l'avis officiel de La Closure, consigné en plusieurs rapports, qu'a bellement recopiés un scribe calligraphe. En des lettres de sa main, le résident suggère au Ministre une petite addition : dans ce règlement des dettes du Roi, la seigneurie sera invitée à prendre à son compte les dettes de La Closure, et le résident semble croire qu'elle y consentira tout aussitôt.

Quelles que fussent les habitudes et tolérances de l'ancienne diplomatie en ces matières de trafics et de profits personnels, — qui scandaliseraient sans doute nos diplomates d'aujourd'hui, — le Ministre répond, le 30 janvier 1726 :

J'aurais esté très aise de pouvoir vous servir dans la veue que vous avez eue sur ce qui regarde vos intérêts particuliers. Mais vous jugerez aisément que, dans la place que j'ay l'honneur d'occuper, il y auroit de l'indécence d'employer mon ministère pour engager Messieurs de Genève à payer vos dettes en considération de la grâce qu'ils espèrent obtenir de Sa Majesté.

Ce refus ne changea rien aux espoirs et intrigues de La Closure. Le 6 février, une seconde lettre de sa main exposait au Ministre « une nouvelle idée, qui s'est présentée à son imagination », et il la déposait « dans cette belle âme formée par le concours de tant de belles et grandes qualités ». Idée simple : on ne demandera rien au magistrat de Genève; mais, l'accord conclu, on mettra un « retardement » d'une année entre la signification aux fermiers-généraux et la signature avec la République; durant cette année, les sept mille minots seront fournis au bénéfice de La Closure, pour le désintéressement de ses créanciers.

Le résident de France à Genève, afin de mener à bien cette affaire avantageuse, avait pris la précaution d'une entente avec le sieur Thélusson, résident de Genève à Paris. Thélusson n'avait pas de dettes chez nous. Mais il y avait un gros procès pour un héritage qui lui revenait, selon les uns, qu'il usurpait, disaient les autres.

La seigneurie, cédant aux demandes de Thélusson, engagea une négociation, envoya à Paris l'un des syndics, qui y résida plusieurs mois « et y fit grosse dépense ». L'affaire traîna, mais se termina aux dépens et à la confusion de Thélusson.

Ce généreux Thélusson ayant remboursé les dépenses du syndic, la République ne lui tint pas rigueur. Mais les gens du roi avaient été mis en éveil. Quand les réclamations sur la dette furent renouvelées en septembre 1726, puis au début de 1727, ils regardèrent de plus près le *Mémoire,* que Genève avait dressé en décembre 1725 et que La Closure avait envoyé en janvier 1726.

Ce *Mémoire* rappelait les conventions de 1589, l'obligation de 1594, les événements de 1601 et les « promesses qui lui furent alors faites par Henri IV que la République serait secourue et payée de ce qui lui était dû » :

En effect, ce Roy de glorieuse mémoire lui a fait délivrer diverses sommes endossées sur l'obligation et à conte d'icelle; elle a aussi reçû diverses subventions pour l'entretien de sa garnison; elle a pareillement reçû au commencement du règne de Louis XIII, de glorieuse mémoire, quelques sommes pour cet entretien. Mais, dès le ministère du Cardinal de Richelieu, elle n'a rien reçeu...

Les Seigneurs de Genève supplient très respectueusement Sa Majesté de considérer que la Couronne de France jouit de ce qui leur estoit hypotéqué, qu'ils ont esté obligés d'abandonner les terres que Monsieur de Sancy leur avoit assignées pour payement des interests et capitaux de ce qui a esté reconnu authentiquement leur estre dû et que la promesse formelle de les secourir de deniers pour les besoins de leur Etat n'a point eu lieu depuis longues années.

« Suivant ce juste exposé, les Seigneurs de Genève supplient avec respect Sa Majesté de vouloir bien acquiescer à la demande qu'ils font, que cette obligation soit éteinte au moyen d'une rente fixe et perpétuelle, et ils ne cesseront de redoubler leurs vœux, pour le bonheur et la gloire du règne de Sa Majesté, et pour la conservation de Sa Personne sacrée, de celle de la Reine, et de toute la maison royale. »

Le conte de ce qui peut être deu monte à de grosses sommes. Le capital est de .... escus 357.340

Les interests jusques à aujourd'huy quand on ne les tireroit qu'au 5 0/0, là où une partie sont stipulés au denier 12 environ.. escus 2.240.580

Escus 2.597.920

On n'a receu à conte de l'obligation suivant l'endossement sur icelle que .... escus	57.580	237.580
En divers tems en subventions autour de .... escus	180.000	
Reste escus		2.360.340

Ces escus, brisés en livres, montent aujourd'huy près de dix millions et, s'il falloit faire la réduction sur le pied que la ville de Geneve a été obligée autrefois de réduire les escus auprès de MM[rs] de Zurich et de Berne, il y auroit plus de quinze millions.

Il apparut tout aussitôt que les chiffres allégués n'étaient point conformes aux relevés de nos Chambres et Compagnies souveraines : la France d'Henri IV et de Louis XIII avait versé beaucoup plus que ne prétendait Genève... Sur ce point encore, je n'ai pas trouvé, faute de temps, mais non faute de quête, les précisions qu'il faudrait chercher dans quelque mille ou douze cents dossiers de nos archives parisiennes et provinciales. J'ai donné plus haut la double estimation de M. Fr. de Crue et des calculateurs plus récents : nos deux rois auraient versé, de 1594 à 1616 seulement, soit 390.000 écus (un million cent soixante-dix mille livres), soit 376.000 seulement. Nous sommes loin des deux cent trente-sept mille cinq cent quatre-vingts écus reconnus par le *Mémoire*.

Les gens du roi signalèrent, en outre, un double « tour de bâton ». Les Genevois ne comptaient les intérêts simples de leurs trois cent cinquante-sept mille trois cent quarante écus qu'à 5 0/0, mais durant les cent vingt-cinq ou vingt-six années de 1601 à 1726. Or, les versements allégués du roi s'étant échelonnés de 1594 à 1616, il aurait fallu déduire, non pas seulement le capital, mais aussi les intérêts de ces versements ou, du moins, soustraire du capital de la dette (trois cent cinquante-sept mille trois cent quarante écus) le capital remboursé (deux cent trente-sept mille cinq cent quatre-vingts écus) et ne calculer les intérêts que sur la différence (cent dix-neuf mille sept cent soixante écus). Les gens du roi s'indignèrent : c'était proprement « volerie » que « compter » d'autre sorte. Ils rappelèrent ensuite que des intérêts n'avaient été stipulés que pour les 55.000 écus de la dette antérieure, mais jamais pour les 270.000 écus de la « dette de guerre ».

La collusion de La Closure et de Thélusson, une fois découverte, acheva la déroute. On mit de côté ces « parties d'apothicaire », que le soin d'un fonctionnaire devait rappeler au ministre, en temps opportun : vingt-trois ans plus tard (1726-1749), la guerre de la Succession d'Autriche amenait à quelques réflexions sur leur situation internationale les Genevois qui, depuis un demi-siècle, semblaient ne plus vivre que pour leurs dissensions civiles.

En cette guerre de la Succession d'Autriche, le duc de Savoie, espérant toujours annexer le Milanais espagnol à son royaume italien, avait pris parti contre les Bourbons d'Espagne et de France. Son duché, envahi et occupé par leur entente, avait failli rester aux mains des Français; le roi-duc semblait encore prêt à l'échanger contre des acquisitions en Lombardie, Toscane ou Sicile; Genève et son territoire allaient peut-être retrouver dans les domaines de la France la situation qu'elle avait eue, deux siècles plus tôt, dans les terres du Savoyard : enclose partout de frontières françaises, que deviendrait-elle sous les anciens droits et prétentions de suzeraineté, dont le roi-duc n'avait rien relâché (il s'intitulait toujours comte de Genève et baron de Vaud) et qui passeraient, avec le duché, aux terribles légistes du roi de France?

Même si la Savoie restait savoyarde, la guerre avait mûri et aigri, tant de son côté que du côté de la France, certains problèmes de souveraineté, de juridiction, de propriétés, de revenus, de dîmes et de limites, qui n'avaient jamais été tranchés depuis les paix de Lyon (1601) et de Saint-Julien (1603) : un siècle et demi de négociations intermittentes et toujours inutiles n'avait fait que les compliquer; l'amour-propre et les prétentions entêtées des deux et trois parties les rendaient presque insolubles.

Vingt questions de droit privé et public entre Etats et particuliers s'y enchevêtraient, sans qu'il fût possible, non pas même de les borner sur le terrain, mais seulement de les séparer et classer en un exposé clair et logique. Elles intervenaient dans les relations entre la seigneurie et les fonctionnaires du roi, chaque fois que des incidents de personnes, de ventes, d'échanges et de successions, ou des caprices de commis ou des haines de voisinage et de religion les faisaient surgir dans la vie des particuliers.

Dès 1607, la seigneurie avait fait exposer au roi de France que la situation des Genevois, propriétaires dans la campagne, réclamait des échanges et des acquisitions, qui donneraient à la République un territoire compact et continu, sans enclaves, en des limites certaines et sous une souveraineté indiscutée.

Tout au long du XVII° siècle, ces discussions de tailles, d'héritages, de franchises et de gabelles s'étaient mêlées en un chaos inextricable, qui tenait les affaires en suspens durant nombre d'années. Les questions domaniales et fiscales s'étaient débattues en des conflits sans fin, dont les familles de Genève, — surtout les riches bourgeois, les Magnifiques Seigneurs, — n'avaient pas eu moins à redouter pour leur fortune foncière et leurs fermages que la République pour sa sécurité et ses revenus. Aussi cherchaient-ils, pour eux-mêmes comme pour elle, un règlement définitif.

Ajoutez les réclamations de l'évêque d'Annecy-Genève et de son chapitre sur les propriétés et les dîmes que la Rome de Calvin avait « usurpées ».

En 1730, Genève avait réclamé de nouveau le traité de limites qui préciserait et confirmerait ses droits: souveraineté incontestable sur les terres données par Henri IV; jouissance définitive et tranquille de tous les biens et revenus soit de la République, soit des Genevois en terre française. Mais les querelles des Successions de Pologne, de Lorraine et d'Autriche avaient surgi: le roi se souciait bien des limites genevoises, quand il escomptait l'annexion de la Savoie!... Genève avait donc pris parti contre la France. Elle mettait ses espoirs dans la richesse invincible de l'Angleterre.

Mais, à mesure que se prolongeait la guerre de la Succession d'Autriche (1740-1748) et que le succès de la France, d'abord douteux, devenait probable, puis certain, la seigneurie s'inquiétait de l'intimité un peu trop ostensible qu'elle avait avec nos ennemis.

A son mode ordinaire, que l'on a déjà constaté en 1595-1601 et que nous allons retrouver en 1918-1919, elle hésite, discute, recule, revient, finit par mesurer trop tard le grand risque de n'avoir pas lié conversation en temps utile; mais, toujours indécise, elle offre, retire, demande, refuse, croit lasser la patience ou capter la complaisance d'un ministre, d'un intermédiaire, d'un « ami » : c'est encore son mode d'aujourd'hui...

Le ministre Puysieulx, fils et petit-fils d'ambassadeurs à Berne, connaissait de longue date ces façons : il fit preuve d'une habileté que ses successeurs devraient prendre en exemple; Genève n'arriva ni à l'endormir, ni à l'irriter, ni à éluder sa décision. Après dix-huit mois de bavardages, elle était encore en train d'éplucher la rédaction d'un contrat en sept articles, où le roi lui donnait satisfaction sur tous les points importants de sa requête, quand la paix d'Aix-la-Chapelle (octobre 1748) vint la surprendre.

Puysieulx avait fait remettre aux commissaires ses conditions dernières, en les prévenant que c'était l'ultimatum : il fallait accepter ou rompre la négociation. Ils essayèrent d'atermoyer encore, « l'affaire ne leur paraissant pas pressée »; ils s'en

« remettaient au temps pour l'arranger ». Ils comptaient que les difficultés pour l'évacuation de la Savoie par les Espagnols remettraient tout en cause (novembre-décembre 1748)... Ils furent encore déçus dans leur attente : le traité fut ratifié par tous. La République se hâta donc d'envoyer au roi ses félicitations les plus chaleureuses et de demander à reprendre les négociations (février 1749), mais perdit encore trois mois en bavardages et refus... Le garde du Dépôt, Le Dran, fit alors souvenir son Ministre des fameuses dettes et du *Mémoire* envoyé quelque vingt-trois ans plus tôt.

L'affaire ayant été revue et éclaircie, Puysieulx décida d'ajouter aux articles primitifs un neuvième article, qui rappelât les bienfaits d'autrefois et les devoirs traditionnels de Genève envers S. M., le roi-protecteur :

Art. IX. — La République de Genève, conservant une juste reconnaissance des marques publiques et particulières que S. M. lui a données de sa bienveillance dans des circonstances essentielles à sa conservation, promet et s'engage qu'Elle ne permettra jamais que des troupes, telles qu'elles soient avancées, puissent prendre passage sur les terres de Genève pour aller en guerre contre S. M. et son royaume (1).

(1) Les *Instructions* de Puysieulx au nouveau résident de France à Genève (19 mars 1750) disent : « Les dispositions bienveillantes du Roy exigent qu'en retour, la République de Genève y réponde par une attention constante à faire tout ce qui peut intéresser le service de Sa Majesté. Dans la guerre terminée par le Traité d'Aix-la-

Un dixième article, que j'ai déjà cité plus haut, apurait définitivement tous les comptes du passé :

Art. X. — Au moyen des arrangemens stipulés par le présent traité entre S. M. et la République de Genève, les deux parties ne pourront plus rien prétendre ni demander à l'avenir, de part et d'autre, sous quelque titre ou prétexte que ce puisse être.

En remettant cet ajouté aux députés de Genève, on les prévint que les prétentions et demandes « sous quelque titre ou prétexte que ce soit » comprenaient, signifiaient en vérité les dettes d'Henri IV : le roi ne voulait pas les désigner plus clairement; mais il ne ratifierait ce contrat de limites que si l'obligation de son ancêtre lui était rendue. Ils voulurent refuser, puis acceptèrent le reste, mais demandèrent l'autorisation de consulter la seigneurie au sujet de l'article X. Le ministre leur fit répondre qu'il attendrait « paisiblement » (4 mai 1749), mais que sa décision était irrévocable : Genève était demanderesse; ses plus gros intérêts publics et privés étaient en jeu pour le présent et l'avenir; la France n'avait que bien peu de chose ou, plutôt, n'avait rien à gagner à ce traité de limites que Genève sollicitait, implorait depuis un siècle et demi.

Les deux articles I et II cédaient assurément au roi « les droits de Genève sur les villages de Challex,

Chapelle, S. M. a eu plus d'une fois sujet de se plaindre que la ville de Genève servoit de quartier d'assemblée à ses ennemis, pour faire des recruës, dont la plus grande partie étoit de ses propres sujets ».

Thoiry et Fenières, sur quelques terres et villages enclavés ou entremêlés dans le Pays de Gex et sur les terres et maisons de Saint-Victor et Chapitre, répandues en différents endroits du Pays, spécialement « sur Moens, Feuillasse, Saint-Genis et Feigères ». Mais l'article III cédait à Genève « les droits du roi sur toute l'étendue du mandement de Peney, en particulier les villages de Bourdigny et de Russin »; l'article V confirmait la donation d'Henri IV pour Chancy, Avully et Aire-la-Ville; l'article VI prévoyait un bornage qui donnerait, enfin, à la seigneurie la pleine sécurité et souveraineté de toutes ses possessions; l'article VII réservait aux propriétaires genevois leurs fiefs dans les parcelles cédées à la France...

Au traité de Saint-Julien (juillet 1603), le duc de Savoie avait tacitement reconnu ou, plutôt, n'avait plus refusé à Genève son indépendance : en ce traité de Paris (15 août 1749), le roi lui reconnaissait, avec cette indépendance territoriale et féodale, son existence en temps qu'Etat souverain; des frontières souveraines étaient nettement fixées entre le royaume de France et l'Etat, — non plus seulement la ville ou l'évêché ou le fief, — de Genève.

Il n'est pas douteux que le roi, qui espérait toujours l'acquisition de la Savoie par échange, aurait eu tout avantage à conserver l'indivision ou les indécisions : elles pouvaient dans la suite lui fournir vingt bons prétextes, au cas où le nouveau « comte de Genève et duc de Genevois » aurait contre la République les desseins que lui prêtaient si volontiers les Genevois. Puysieulx laissa donc à la seigneurie tout le temps du calcul et de la réflexion. Deux mois se passèrent, durant lesquels les députés consultèrent à plusieurs reprises leurs seigneurs du Petit et du Grand Conseil. Le 28 juin, ils demandaient une nouvelle quinzaine de délai que le ministre leur accordait aussitôt.

Enfin, le 16 juillet 1749, les Conseils, qui avaient le projet en mains depuis deux mois, se résignaient à ne pas toucher à la fois l'argent et les territoires, « le beurre et le prix du beurre », comme on dit au Pays de Vaud. On leur accorda quelques changements qui ne « blessaient pas les droits du roi », mais permettaient de « terminer des contestations qui durent depuis cent quarante-huit ans et de se débarrasser des importunités de MM. de Genève ».

Il avait été entendu, spécifié d'avance que tous les Conseils de Genève signeraient et ratifieraient les premiers, en toute liberté, afin que jamais l'on ne pût alléguer que la signature et ratification antérieures du roi les avaient obligés à une adhésion de mauvaise grâce. Le roi avait donné sa parole de signer et ratifier lui-même, dès que les commissaires genevois lui auraient remis, avec les signatures et ratifications de tous les Conseils, l'obligation de son ancêtre. Le roi le plus absolu de l'Occident, tenant à écarter la moindre apparence d'extorsion ou même de pression, exigeait (le père et le grand-père de son ministre avaient été ambassadeurs à Berne) que non seulement les deux Conseils de vingt-cinq et de deux cents bourgeois, — le Petit et le Grand Conseil, — mais encore le Conseil Général, l'assemblée de tout le peuple, eussent été consultés d'abord et fussent tous consentants.

Mais à la dernière heure, les commissaires genevois veulent remettre en cause le remboursement de la dette d'Henri IV. Ce sont des représentants des « gens du Haut », lesquels ont en cette affaire des intérêts particuliers. Leur patriotisme exacerbé a lancé la République dans des constructions et réparations de remparts, qui ont coûté et coûteront encore très cher; servant peu au reste des Genevois, elles n'ont pas été sans utilité pratique pour la sûreté, solidité et beauté de leurs propres maisons, terrasses et jardins. Ils ont dit au peuple, pour l'entraîner à ces dépenses, que, remboursant la fameuse dette de son ancêtre, c'est le roi de France qui paierait. Outre l'impopularité que leur vaudra cette erreur de compte, il en sortira une lourde augmentation des impôts, dont ils paient la plus forte part.

Puysieulx connaît le calcul et perd un peu de sa patiente humeur :

La Convention à signer avec la République de Genève est toute dressée, écrit-il à son résident à Genève (22 juillet 1749) : les Commissaires la signeront quand ils le voudront. Ils demandent plusieurs adoucissements qu'on ne leur accordera pas. Ils souhaiteroient fort que Sa Majesté voulût s'engager à leur payer une somme considérable, qui leur était deüe par Henri IV et dont ils ont produit les titres; mais cette demande a été rejettée ainsi que bien d'autres. Si cette convention se signe comme j'ay lieu de le croire, ce sera une nouvelle marque de la bonté du Roy pour MM. de Genève. *S. M. n'en attend pas de leur part plus de reconnaissance que de tant d'autres; mais cela ne l'empêchera jamais d'accorder ce qui lui paroîtra juste.*

Les deux Petit et Grand Conseils sont donc avertis de toute la portée de leur signature : eux-mêmes ne veulent pas garder, pour eux seuls, la responsabilité, bien qu'ils trouvent cette convention fort avantageuse. « Messeigneurs du Petit et Grand Conseil, ayant vu et approuvé les articles du traité, convenu à Paris », convoquent le Conseil Général et lui demandent d' « autoriser les sieurs Mussard et Saladin à promettre au nom du Conseil Général de ratifier ledit traité et à en rapporter de la part du roi de France les lettres de ratification ». *Signé :* Is. Pictet, conseiller-secrétaire d'Etat subrogé.

Le 7 août 1749, en toute liberté de décision et en pleine connaissance de cause, le Conseil Général vote la ratification. Notre résident écrit le 8 août à son ministre : « On avoit donné connaissance de cette Convention les jours précédents à tous les particuliers qui avoient souhaitté l'avoir afin de pouvoir donner leur avis avec plus de connoissance de cause. Non seulement le Conseil Général a donné son approbation unanimement, mais aussi avec toutes les marques possibles de satisfaction, de joye et de la reconnoissance la plus respectueuse pour les bontés dont le Roy honore la République en cette occasion... Le Grand Conseil des Deux Cents, quand on lui eut donné lundy dernier communication du traité, marqua ces mêmes sentiments ».

Le résident n'ajoute rien sur l'attitude et les sentiments du Petit Conseil. Les XXV Messieurs « du Haut », qui le composaient, durent être tiraillés entre deux sentiments. Le roi ne payait pas et c'est eux qui paieraient... Mais, d'autre part, c'étaient leurs propriétés gessiennes qui, de ce traité, tiraient une grosse augmentation de sûreté et de valeur : ce calcul facile ne fut pas sans influence sur l'assentiment de plusieurs ni sans baume sur les regrets de tous.

On pouvait croire l'affaire terminée et les commissaires pressaient le ministre de leur donner enfin les signature et ratification royales (24 septembre). Mais, quand on leur demanda la remise de l'obligation, il se trouva qu'ils avaient oublié ou renvoyé ce précieux parchemin : grand embarras! On était en automne : le double voyage, qu'ils auraient à faire entre Paris et Genève pour l'aller quérir et rapporter, prendrait plusieurs semaines; les routes du Jura seraient encombrées de neiges, et celle de Nantua, coupée par le débordement des lacs et des rivières... Pourquoi le roi ne signerait-il pas dès maintenant, étant promis que l'obligation serait, foi de Genevois, renvoyée et délivrée aux premiers jours du printemps?...

Nous verrons en 1815 et en 1919 les négociateurs de Genève essayer et recueillir les chances de retards aussi bien ménagés. Mais le ministre de 1749 était fils et petit-fils d'ambassadeurs à Berne. Il garda le sourire et déclara que le roi aimait trop Genève pour ne pas attendre, avec le retour du printemps, le retour des commissaires.

Ils revinrent avec le printemps. Ils rapportaient l'obligation; mais ils demandaient, au nom de la République, que S. M. la leur laissât, en souvenir de son ancêtre, leur tant bon ami, le roi de glorieuse mémoire, Henri IVe du nom, auquel ils avaient été si heureux de pouvoir rendre jadis ce petit service. Puysieulx (tous nos ministres des affaires étrangères, qui ont à traiter avec la Suisse, devraient être fils et petit-fils d'ambassadeurs à Berne) ne se laissa pas prendre à cette grosse malice. Nous devinons aujourd'hui ce qu'il serait advenu si, en 1814-1815, les représentants de Genève, qui alléguaient les dettes d'Henri IV pour être payés en territoire, avaient pu tirer de leurs archives et montrer aux Souverains Alliés cette obligation royale.

La réponse de Puysieulx, une fois qu'il eut l'obligation en mains, fut de la plus courtoise ironie :

Versailles, le 30 mars 1750.

J'ay reçu de M. Saladin d'Onex et Sellon l'acte original de l'obligation d'Henry Quatre, pour les sommes que votre République lui avoit prêtées. J'ay eu l'honneur de rendre compte au Roi de votre exactitude à remplir à cet égard l'engagement pris par le dernier traité, qui annule toutes prétentions de cette espèce au moien des facilités que S. M. a apportées au dernier règlement de limites. Je Lui ay exposé aussi le sentiment qui vous faisoit désirer de garder cet acte : S. M. en a été touchée. A Genève, ce titre auroit conservé la mémoire du service que votre République a eu le bonheur de rendre à l'un des plus grands rois de la monarchie. A Paris, il sera un monument de la confiance que les Rois, prédécesseurs de S. M., ont eue dans votre République et des preuves qu'elle leur a données de ses sentiments. Je me feray toujours un devoir de les faire valoir auprès de S. M. et de vous asseurer de la sincérité de ceux avec lesquels je suis etc...

Le 26 mars 1750, Puysieulx avait écrit à Le Dran :

M. Sellon m'a remis, Monsieur, de la part de Mrs de la Ville de Genève, selon qu'ils s'y estoient engagés par le dernier contrat, l'obligation originale des sommes qui leur estoient dües par Henry IV. Je vous l'envoie pour la mettre au Dépost et je vous prie d'en tenir note.

Une note marginale de la main de Le Dran porte :

Nota. — L'obligation de MM. de Genève, mentionnée dans cette lettre, est du 11ᵉ Janvier 1594, et elle a esté mise au depost des Affaires étrangères dans les papiers de Genève à sa datte, avec une note de la présente écriture pour servir de témoignage à la postérité sur la restitution de cette obligation, en conséquence du Xᵉ article du Traité signé à Paris entre le Roy et Mrs de Genève le 15ᵉ aoust 1749.

Le ministre n'était pas au bout des chicanes genevoises. Le traité, pour être exécuté, demandait un bornage, qui fut aussitôt commencé. Mais l'un des commissaires genevois, Saladin, voulait obtenir une délimitation qui ferait genevoise sa propriété de Malagny. Il persuada ses collègues de réclamer pour le bornage, au lieu de la toise française de *six* pieds, la toise suisse de *huit*. Lettre de Puysieulx :

Je suis surpris de la chicane que MM. de Genève font sur la longueur de la toise; nous ne nous y serions pas attendus. Si ce n'était une puérilité, je dirais qu'il faut partager le différend par la moitié et faire une toise de sept pieds; mais, parlant sérieusement, nous n'en connaissons que de six : c'est la mesure que vous devez suivre.

Saladin adressa une requête au ministre, en rappelant les services qu'il avait « rendus autrefois au Roi, lors des pourparlers avec la Compagnie des Indes » : dans maintes rencontres, j'ai vu de pareilles lettres de négociateurs genevois réclamer de pareils pourboires, pour eux-mêmes ou pour les sociétés qu'ils administraient. Après trois mois de lettres et contre-lettres, Puysieulx fit ce que firent plusieurs de ses successeurs : il permit, pour contenter cet honnête courtier, qu'on employât la toise de huit pieds. Quatre mois après, le commissaire français lui écrivait : « Je ne dois pas vous laisser ignorer qu'au lieu de les rendre plus faciles dans nos opérations, cette condescendance semble au contraire les enhardir à former des prétentions tout à fait déraisonnables, dans l'espérance sans doute qu'ils réussiront par là à gagner quelque terrain ».

L'histoire ne s'arrête pas là : quatre ans plus tard, les Genevois tiraient de ce réglement avec la France le surcroît d'un bénéfice que la Genève de Calvin n'aurait jamais osé prévoir et que tous les efforts d'Henri IV n'avaient pas pu leur procurer.

Le roi de Sardaigne, Charles-Emmanuel III, leur signait (3 juin 1754) un pareil traité de limites « pour faire cesser toutes les difficultés de situation et de nature des terres et fiefs possédés par la seigneurie de Genève dans les bailliages de Ternier et de Gaillard ». Sur la rive gauche du Rhône, Genève obtenait du duc-roi, comme du roi de France sur la rive droite, « tant par voie de partage que d'échanges, la limitation » précise de ses territoires et, — conquête plus surprenante, — la reconnaissance formelle de son indépendance et de sa « souveraineté », que le traité de Saint-Julien en 1603 n'avait admises que par prétérition :

Art. VI. — Dans les lieux et territoires ci-devant exprimés, Sa Majesté sarde, pour Elle et ses Successeurs quelconques, cède à perpétuité à la République de Genève tous droits de souveraineté et autres qui peuvent lui appartenir, sans exception ni réserve.

La prudente Genève n'était pas encore tranquille : cette cession « sans exception ni réserve » de tous les droits du duc sur son indépendance ne lui suffisait pas; elle faisait copier, dans l'article XVII de ce traité de Turin, l'article X du traité de Paris, qu'elle avait si longtemps discuté et qui lui semblait aujourd'hui un précédent inestimable :

Art. XVII. — Au moyen des arrangements portés par ce traité et par le verbal qui en fait partie, toutes autres prétentions, de quelque nature qu'elles puissent être, demeurent, sans autre, éteintes et anéanties de part et d'autre à perpétuité.

Ces traités de 1749 avec la France et de 1754 avec la Savoie marquent le grand tournant dans l'histoire et les ambitions de Genève.

Dès sa naissance, la République avait sans doute, en dépit du VIIe commandement, jeté parfois des regards de convoitise, sinon sur la femme, du moins sur l'âne, le bœuf et le champ du voisin : dès 1579, elle réclamait le Genevois et le Faucigny. Mais, au XVIIe siècle, elle avait d'ordinaire vécu pour la défense étroite de son indépendance et de ses remparts, les yeux fixés sur les tours de sa cathédrale, les oreilles ouvertes aux cris d'alarme de ses guetteurs « du Haut ». Elle va désormais n'avoir de regards que pour le bien d'autrui, n'épier que les bruits du dehors qui peuvent lui donner l'espoir de quelque élargissement aux dépens du voisinage : après le temps des Calvin et des Théodore de Bèze, l'heure des Pictet de Rochemont a sonné... Qu'allait devenir ce respect de la loyauté publique et privée, de la morale internationale auquel les H. Micheli de 1919 déclareront ne pas pouvoir survivre?

Dès 1814, quand, en son premier *Mémoire* aux Souverains alliés, Genève, par la voix de Pictet et de ses deux collègues, prétendait qu'on ne pouvait pas « mettre en doute la validité incontestable de ses droits » sur le Pays de Gex, il était faux de dire qu'« Henri IV avait assuré à la République la possession de ce pays et d'un district de la Savoie en indemnité de deux millions de francs à lui avancés et jamais remboursés ».

Quand, en un second *Mémoire* aux Quatre Plénipotentiaires, Genève attribuait à Henri IV lui-même la reconnaissance des droits de Genève sur ce Pays de Gex, « en indemnité des sommes à lui avancées par la République et *qui demeurent encore dues* », il était peu vraisemblable, mais il se pouvait, néanmoins, que, faute d'un compte bien établi et publié, les Genevois ignorassent ou eussent oublié qu'en réalité, les versements et mensualités du roi avaient éteint cette dette dès 1616 ou 1626, au plus tard.

Mais il semble impossible et à qui fera-t-on croire que Pictet, ses deux collègues, députés à Bâle, et les Deux Petit et Grand Conseils, et tout le Magistrat genevois, sinon tout le peuple du Conseil général, aient ignoré ou totalement oublié le traité de 1749? La République l'avait sollicité du roi, depuis un siècle et demi; les commissaires de Genève l'avaient discuté durant des années; les Deux Conseils, l'un après l'autre, l'avaient en liberté et à loisir étudié durant des mois, critiqué et modifié; soumis au référendum du Conseil général, il avait été accepté par une votation solennelle et la suite directe en avait été la reconnaissance publique, écrite de la souveraineté genevoise non seulement par le roi de France, mais par ce duc de Savoie, dont les ancêtres, depuis deux siècles, guerroyaient ou conspiraient contre leur ancienne vassale.

La vérité est que, dans l'histoire de l'Etat et du peuple genevois, les deux traités de 1749 et 1754 ont eu, — toutes proportions gardées, — la même importance que le traité de Versailles en 1919 dans l'histoire de notre France et de son peuple. Voit-on des négociateurs français et leur gouvernement oublieux en 1975-1980 du traité de Versailles?

Il semble plus impossible encore, — quand on connaît les traditions et l'orgueil des familles genevoises, — que, des trois députés de Genève, Saladin de Budé, Des Arts et Pictet de Rochemont, qui présentèrent aux Souverains le premier *Mémoire,* aucun n'ait jamais su ou que tous trois aient oublié que ce traité de 1749, — où un Pictet et un Saladin avaient eu les premiers rôles pour la conquête de la souveraineté genevoise, — entraînait, comme conséquence dernière, la remise de l'obligation royale et l'engagement des deux parties à « ne plus rien prétendre ni demander, à l'avenir, de part et d'autre, sous quelque titre et prétexte que ce puisse être ». La suite nous montrera que Pictet ne reculait pas devant certains procédés que les Genevois d'aujourd'hui appellent diplomatiques.

Dans son premier *Mémoire* à la Cour de La Haye (4 août 1928), le Gouvernement suisse (p. 11-12) n'a pas pu négliger les « dettes d'Henri IV » et le traité de 1749. L'auteur principal de ce *Mémoire,* étant genevois, estime que « l'exagération des propos de M. V. Bérard est trop évidente pour qu'une longue réfutation soit nécessaire » : dans la bouche d'un adversaire, j'apprécie cette façon d'avouer que la part de vérité reste suffisante pour mettre en danger l'honneur de Genève et la validité des stipulations de 1815.

Le *Mémoire* allègue néanmoins certains comptes nouveaux, — exactement contraires à ceux d'autrefois, — qu'en une heure de civisme repentant, le même M. de Crue a refaits pour les besoins de la cause, à l'usage du *Journal de Genève* (2 et 3 avril 1928) : nos rois auraient moins payé que

M. de Crue ne l'avait calculé d'abord. Mais quelques milliers d'écus en plus ou en moins dans les paiements de nos rois changent-ils rien au fait que les magistrats et les plénipotentiaires genevois ont officiellement réclamé la dette comme encore due, soixante-cinq ans après que le traité de 1749 l'avait éteinte.

Autres arguments : « Pictet, affirmant que l'indemnité due par Henri IV à Genève n'était point payée, n'a pas formulé une contre-vérité », parce que Genève avait touché, non le montant, mais l'équivalent. Pictet, par contre, « a commis une erreur » en disant, après le traité, que « les deux millions demeuraient encore dus »; M. Ch. Borgeaud, pour l'usage aussi du *Journal de Genève* (27 mars 1926), « a établi, — dit le *Mémoire,* — que cette erreur n'entache en rien la bonne foi de Pictet et n'enlève rien à la *portée morale* de son argumentation »!... Ici encore, la morale genevoise ne ressemble en rien à la morale tout court.

Mais l'important, — si l'on en croit l'auteur du *Mémoire,* — est que les deux rappels de la dette d'Henri IV, en *1814,* n'ont point été formulés par Pictet en vue d'obtenir la zone franche du Pays de Gex et n'ont point eu d'effet sur la négociation de Paris, qui, en *1815,* aboutit à la création de cette zone : « Le seul résultat de la négociation de Pictet au premier Congrès de Paris en *1814* (donc : le seul effet de son mensonge) fut d'assurer à la ville de Genève la communication avec la Suisse par l'usage commun de la route de Versoix ».

Nous retrouvons ici les procédés de la chicane genevoise. Les *Mémoires*, où Genève a plaidé devant les Souverains Alliés ou leurs Plénipotentiaires la survivance de la dette d'Henri IV, ont eu leur portée et leurs effets sur les deux Congrès de Paris (1814) et de Vienne (1815), que l'on ne saurait séparer l'un de l'autre, le premier ayant posé les formules, dont le second a fait les applications. Mais le second Congrès de Paris, au dire de notre Genevois, en serait indépendant. « Le second Congrès de Paris de 1815, — dit, en sa *Plaidoirie* devant la Cour de La Haye (p. 149), le même avocat genevois de la Confédération, — fut, pour ainsi dire, la continuation du Congrès de Vienne, interrompu par le retour de Napoléon; ce sont les mêmes Grandes Puissances, qui se réunissent pour achever l'œuvre remise en question ». Il faut ajouter : « C'est le même Pictet qui poursuit la même besogne avec les mêmes arguments ».

A Paris (2 juin 1814), à Vienne (9 mars 1815), il avait déjà demandé que « l'on mît les douanes hors du Pays de Gex » (mais Talleyrand n'avait rien voulu entendre), que « l'on fixât les douanes à deux lieues de la frontière » (mais Dalberg s'y était opposé).

Son collègue, Fr. d'Ivernois, avait alors espéré (10 février 1815) que « la France consentirait à ce que les douanes de Gex fussent reculées à deux lieues de la route de Versoix »... Souza lui avait dit « que la France consent expressément : s'il en est ainsi, nous n'avons rien perdu de nous mettre en avant pour cette négociation ». Il avait rédigé, le 21 février, *avec Pictet,* deux modèles de rédaction pour Castlereagh, et il les avait accompagnés d'une épître:

On m'avait assuré, — écrivait-il au noble lord, — que la France consentait à retirer ses douanes au Fort de l'Ecluse et sur la cime du Jura, ce qui, en affranchissant de toutes douanes le Pays de Gex, nous avait mis à l'abri du reproche qu'on ne manquera pas de nous faire de profiter de la route commune pour y introduire des objets de contrebande. Ce serait un grand avantage pour nous d'être délivrés de ce sujet journalier d'altercations et, pour la France, une véritable économie de porter ses douanes sur les trois points où leur surveillance sera aussi facile et efficace qu'elle le sera peu si l'on les dissémine sur la côte du lac...

Ce sont les mêmes arguments qu'auprès du même Castlereagh, sur le même reculement des douanes jusqu'au sommet du Jura, Pictet répétera durant le second Congrès de Paris. Mais à Vienne (21 février 1815), « Dalberg n'a pas voulu entendre parler du recul des douanes à deux lieues, lequel avait été proposé, non par la France, mais par l'Autriche ». Le 23 février, néanmoins, lord Stewart, — le meilleur ami de Genève, après Capo d'Istria, — demande à d'Ivernois « s'il est fondé à croire qu'il serait utile aux Genevois que les douanes se reculassent à deux lieues de la route. — De la plus grande utilité », répond Fr. d'Ivernois. Et Stewart de lui répéter, mot pour mot, la leçon que les deux Genevois lui ont apprise pour une intervention nouvelle : « Il m'a très bien développé les altercations sans nombre auxquelles nous exposerait la proximité des douaniers, qui rôderaient sans cesse autour de nous et, de mon côté, je l'ai bien mis au fait des avantages réels que trouverait la France à porter ses douanes au Jura. »

Ces douaniers « rôdeurs » ont reparu dans les *Tracts* que le *Comité genevois pour le Maintien des Zones* a répandus par milliers, de 1921 à 1922 (1). En 1815, Pictet et d'Ivernois pouvaient flétrir ces douaniers français, en montrant la frontière genevoise dépourvue de ces gêneurs et les voisins de France et de Savoie ne rencontrant aucune douane sur la route de Genève (c'était leur second argument pour le recul des douanes françaises). Mais en 1922, il y avait plus de soixante-dix ans que les douanes fédérales, établies par la Constitution de 1848, avaient lâché leurs dogues « rôdeurs » aux trousses de tous les passants!

En 1928, quand M. Paul Pictet voulut, « à propos du *Rapport* de M. Victor Bérard au Sénat français », présenter au public l'« aspect véritable de l'affaire » des zones franches, il eut soin de choisir parmi la quantité de « faits ignorés, disait-il,

(1) Cf. le *Tract n° 3 : Le Plat de Lentilles*, p. 7 : « Le maintien des petites zones, c'est l'éloignement des douanes françaises derrière le Jura et derrière le Salève. Sans doute, nous ne les éviterons pas à Annemasse. Mais, sur tout le reste du pourtour de notre canton, sauf vers Valleiry, nous ne nous heurterons à elles qu'après avoir franchi les chaînes de montagne élevées, qui bornent notre horizon immédiat, le Jura et le Salève. C'est dire que nous continuerons à échapper à ce contact qui nous inquiète et qui, disons-le franchement, nous répugne. » *Le Douanier est répugnant,* comédie genevoise en cinq actes!

que ce *Rapport* avait versés dans le débat ». Il écarta le plus ignoré : l'extinction des dettes d'Henri IV par le traité de 1749. Il aurait eu à dire son opinion sur l'ignorance ou la loyauté, l'erreur ou la contrevérité de son illustre homonyme. Il est probable que les archives de l'Etat lui auraient fourni tous les moyens de me confondre, si « l'exagération de mes propos » était aussi grande qu'a voulu faire croire aux juges de La Haye le premier *Mémoire* de la Confédération, lequel ajoute simplement :

> Les négociations, qui s'engagèrent à Paris en 1749 pour le règlement de toutes les questions relatives aux droits territoriaux de la République dans le Pays de Gex, ne touchèrent pas aux franchises douanières; elles aboutirent, par le traité du 15 août 1749, à un échange de territoires, à une rectification de frontières, enfin à l'abandon des anciennes et réciproques prétentions, c'est-à-dire à la cancellation de la dette souscrite par Henri IV.

Et, sur ces dettes, que « cancelle » cette phrase unique, l'avocat genevois de la Confédération garde un silence continu, à travers les *Contre-Mémoire, Réplique* et *Plaidoirie*. En français loyal et courant, « canceller » se dit « biffer, annuler » : quand une dette annulée a été réclamée une seconde fois par le créancier malhonnête et payée une seconde fois par le débiteur, en vertu d'un jugement mal fondé, Genève sait bien que la morale et les tribunaux obligent à restituer.

IV

LE SERVAGE DES ZONES

De même qu'en politique internationale, Genève a toujours eu depuis trois siècles et conserve encore aujourd'hui ses ambitions de « frontières naturelles », elle a eu et conserve toujours en économie internationale ses prétentions au « marché naturel » du pays environnant : elle était, disent les Genevois — et le premier *Mémoire* du gouvernement suisse à la Cour de La Haye débute par cet argument, — elle était destinée par la nature ou, plutôt, par la Providence à devenir « le lieu de trafic, le centre des affaires et des échanges » pour toute la « cuvette » d'où les eaux des rivières et les routes des hommes convergent vers son débouché et son pont du Rhône; César autrefois « y arrêta les Helvétes », pour le maintenir aux mains des Allobroges; Genève doit rester « le chef-lieu économique, le marché de cette province des Allobroges, *Emporium Allobrogum* ».

D'autres se demanderaient peut-être si la province doit appartenir au marché ou le marché à la province : on n'a jamais vu, sur le cours du même Rhône, que les grandes foires de Lyon et, plus grandes encore, les foires de Beaucaire aient entraîné, pour ces marchés plus importants, les droits territoriaux et les servitudes du voisin que réclame Genève. Mais les Genevois ont toujours eu la conscience trop assurée de leur supériorité native, héréditaire et éternelle sur le rustre d'Allobrogie et de leur prédestination à la vie heureuse en ce monde et bienheureuse dans l'autre, pour s'être jamais posé la question. Elle n'en demeure pas moins ouverte, et les Allobroges ont le droit d'y donner la réponse exactement contraire à celle de nos « Messieurs du Haut », car il pourrait y avoir des rustres sans marché, mais non pas de marché sans rustres, et César a fermé aux Helvètes cette ville des Allobroges; mais les Genevois de 1814, en devenant l'un des cantons de la Confédération helvétique, ont fait précisément le contraire, aux dépens de l'Allobrogie.

D'autres hésiteraient, du moins, devant le choix des méthodes : quelles sont les plus utiles et de rendement le plus certain, — les plus honnêtes aussi et, puisqu'il s'agit de Genève, les plus morales, — que doivent employer les détenteurs d'un marché envers leur « clientèle naturelle » ? doivent-ils s'efforcer de l'attirer en lui ouvrant de la façon la plus large et la plus obligeante leurs routes et leurs portes, en écartant devant elle tous les obstacles, tous les risques et dangers, physiques et humains, toutes les formalités et barrières superflues d'inquisition, de police et de péages ? et doivent-ils s'efforcer de la conserver en étudiant et satisfaisant ses besoins, en respectant ses préférences et sa liberté, en la traitant avec politesse et générosité, sans hauteur trop dédaigneuse, sans morgue trop affichée, sans avidité trop criante?

Doivent-ils et peuvent-ils, au contraire, la traiter comme une sorte de serve, attachée à la glèbe, taillable et corvéable à merci, ou comme un troupeau domestique, destiné à la traite et à la tonte et que l'on enferme dans l'enclos d'un parc, afin de l'avoir toujours sous la main et d'en empêcher toutes les fuites vagabondes, tous les caprices amoureux, tous les écarts vers d'autres eaux, d'autres pâturages ou d'autres maîtres?

Si l'on voulait résumer en une phrase l'histoire du marché genevois, on pourrait dire qu'il a employé, successivement, l'une et l'autre de ces deux méthodes.

La petite et faible Genève d'Ancien Régime dut à la liberté du commerce, à la commodité du passage et du séjour et des échanges, la possibilité de « jouer son rôle de marché naturel et nécessaire », tant chez elle-même que chez le voisin. C'est à l'établissement, puis au maintien et à la défense de ces divers genres de « franchise », que travaillèrent, durant six siècles, les anciens Genevois, d'accord avec les ducs de Savoie, puis avec les rois de France.

L'orgueilleuse Genève de 1814-1815, appuyée sur « le droit de guerre » et sur la force des Souverains Alliés, inventa et fit installer dans le droit international le système des zones qui, supprimant les douanes savoyarde et française entre le marché genevois et sa clientèle, les reportait entre la clientèle et les autres marchés du dehors : séparée du reste du monde et de sa propre nation même par cette barrière solide et haute, une part de l'Allobrogie était véritablement parquée pour la traite et la tonte, sous le monopole et bon plaisir des Genevois.

La servitude, la contrainte, une sorte de réclusion cellulaire est le caractère essentiel autant qu'immoral et odieux de ce système : c'est pour enfermer les zoniens et les séparer de leur famille historique que Pictet de Rochemont et le magistrat de Genève avaient demandé, dès le mois de juin 1814, que « l'on mît les douanes en dehors du Pays de Gex », et c'est le « recul », non la suppression des douanes française et savoyarde que les Genevois ont toujours exigé depuis et voulu maintenir. Je ne sais pas si, laissant de côté les formes diverses de l'exploitation coloniale, on trouverait, dans l'histoire moderne des peuples blancs, un pareil abus du droit de guerre; il faudrait chercher dans le monde animal la seule comparaison à peu près exacte, je crois : les diligentes et impérieuses fourmis des zoniens dans leurs pucerons.

Les Genevois de 1815 savaient d'avance que la suppression ne leur aurait jamais été ni accordée par les Puissances ni consentie par les souverains, roi ou nation, propriétaires. Ils savaient aussi que cette barrière reculée ne pouvait servir que leur intérêt et qu'ils n'avaient chance de l'obtenir qu'en vertu du « droit de guerre », car ils revendiquaient le double titre d'avoir jadis occupé militairement le Pays de Gex au service du roi de France et de l'avoir en 1815, *après Waterloo,* courageusement envahi dans les bagages des Alliés...

Je ne fais que reprendre les deux mots de M. Motta, conseiller fédéral parlant devant le Conseil des Etats (2 février 1922), au nom du Gouvernement suisse, dont il faisait et fait encore partie, après avoir été président de la Confédération.

Le Conseil des Etats est, comme on sait, la Chambre haute, le Sénat de la Confédération. Il n'a rien d'une assemblée populaire ni même du Conseil national, qui est la Chambre des Députés. Il n'a pas de tribune et presque pas de public. On y discourt peu : on y débat posément, minutieusement les questions que le Conseil fédéral (c'est le Conseil des ministres) a présentées et exposées en des messages copieux et documentés.

M. Motta parlait en sa qualité de chef du Département politique (ministre des Affaires étrangères) : « Quelle est l'origine des zones? », se demandait-il et il répondait :

Il y a trois zones : la zone gessienne ou française dont l'acte de naissance est le Traité de paix de Paris du 20 novembre 1815; la zone sarde, dont l'acte de naissance est le Traité de Turin du 16 mars 1816. Je vous prie, Messieurs, de bien retenir ces dates : 20 novembre 1815 et 16 mars 1816; *c'est après la bataille de Waterloo.* La troisième zone est celle de Saint Gingolph; son acte de naissance est un manifeste de la Cour des Comptes de Sardaigne, du 9 septembre 1829.

Les zones et leur système de servitude n'existaient pas avant 1815; elles avaient des remplaçants, mais non des similaires :

Il est une chose, — reprenait M. Motta, — que l'on est très souvent porté à méconnaître, si on ne l'examine assez à fond et avec un esprit assez dégagé de tout préjugé : auparavant, c'est-à-dire avant ces *Actes* de novembre 1815 et mars 1816, jamais le système des zones n'a existé. Les zones, — disons mieux, — la structure douanière des zones est née par les *Actes* précités. Dans les *Actes* précédents de la même année 1815, il n'est pas question des zones. Il est donc inexact de prétendre que comme telles, c'est-à-dire dans le sens le plus précis du mot, les zones soient un héritage du passé, qui remonterait au traité de Saint-Julien de 1603, pour la zone sarde, ou aux lettres-patentes des rois de France, pour le Pays de Gex. Dans les traités antérieurs, on facilitait les rapports économiques entre Genève et le duché de Savoie ou le royaume de France; on donnait certaines garanties; on accordait même certaines exemptions douanières. Mais encore une fois, avant les *Actes* en question, les zones, *sous la forme de servitude imposée sur le sol étranger*, n'ont jamais existé.

La zone gessienne est un peu antérieure à la zone sarde : elle en a été la source et le modèle. Le protocole du 3 novembre 1815 disait :

Le Gouvernement français ayant consenti à reculer ses lignes de douane des frontières de la Suisse du côté du Jura, les Cabinets des Cours réunies emploieront leurs bons offices pour engager S. M. sarde à les faire reculer également du côté de la Savoie, au moins au delà d'une lieue de la frontière suisse et en dehors des Voirons, de Salève et des monts de Sion et de Vuache.

L'un et l'autre de ces reculs obligatoires étaient des innovations sans parenté juridique avec les franchises antérieures qui, du côté de Gex surtout, n'avaient jamais constitué une obligation contractuelle, encore moins une servitude internationale.

Pour ce Pays de Gex, en effet, ce ne furent ni des conventions, ni des contrats entre le roi de France et Genève, qui les établirent : ce furent des lettres-patentes, accordées par le roi à ses sujets ou à ses « protégés », rédigées et publiées suivant son seul « bon plaisir », valables en théorie pour la durée de son règne seulement, mais indéfiniment renouvelables et, dans la pratique, renouvelées par tacite reconduction, mais annulables aussi ou modifiables au gré du roi lui-même ou de son successeur, sans avertissement ni explications, sans autre possibilité d'appel qu'à la bienveillance et « bénéficience » de S. M.

A peine réunies à la couronne par la paix de Lyon (17 janvier 1601), trois des anciennes provinces savoyardes, Bresse, Bugey et Valromey, « suppliaient » leur nouveau souverain de leur accorder — pour elles-mêmes, et non pour Genève, avec laquelle elles n'avaient ni voisinage ni relations, — immunités, allègement et secours (29 novembre 1601), en leur « octroyant la liberté du commerce et maintenant icelle exempte de toute nouvelleté d'impost, soit pour le bestail conduit et exposé en vente aux foires et marchez publics, soit pour les denrées du vin, bled et autres choses qui se peuvent exposer en vente pour en tirer quelques commoditez de deniers, à l'usage des necessitez du païs, *tant dedans que dehors ce royaume* », et en faisant cesser aussi « tout ce qu'on auroit introduit depuis la paix, de payer de nouvelleté, tant sous le pied fourchu que sous prétexte de la traicte et traverse foraine, voiture, gabelle, sur les péages, ports et passages, *qui souloient estre libres et francs de tels imposts* », bref en « revoquant l'édit et ordonnance du passage du Pont de Beau-Voisin, pour laisser au choix des voituriers, venant d'Italie, Piedmont et Savoye, de passer où bon leur semblera deçà le Rosne ».

Le Pont de Beauvoisin n'a jamais conduit à Genève le bétail de la Bresse, et le transit de Genève n'était pas en cause dans cette franchise des routes « pour les voituriers venant d'Italie, Piedmont et Savoie » et continuant où bon leur semble « deçà le Rhône ».

Le roi répondait aussitôt à cette « supplique », en rétablissant, sur la route Turin-Chambéry-Beauvoisin-Bourg-en-Bresse vers la France et l'Angleterre ou vers la Lorraine et les Pays-Bas, les mêmes libertés qu'il maintiendrait ensuite sur l'autre route d'Italie qui, venant des terres savoyardes, menait, par Genève en Genevois savoyard et Versoix en pays gessien, à Berne, Bâle et en Allemagne.

Au XVIe siècle, plus encore qu'au XXe, les relations de l'Italie avec le Continent étaient un sujet de concurrence entre les Etats au nord des Alpes : l'Italie était encore le centre du commerce chrétien; Milan restait la plus grande ville industrielle de l'Occident; Gênes et Venise en étaient les ports mondiaux. Quand le roi affranchit ses deux routes transalpines, c'est d'abord pour ne pas laisser à d'autres Etats les bénéfices du transit : même sans douanes ni péages, il touchera dans les impôts de ses sujets sa part de leur fortune accrue; il a tout intérêt financier à laisser grandes ouvertes ces routes des Alpes occidentales, s'il veut ne pas rendre leur clientèle aux passes centrales et orientales, Gothard, Splugen, Septimer et Brenner, qui, durant les siècles précédents, avaient fait la fortune d'Augsbourg et de Nuremberg.

Mais le roi a aussi tout intérêt politique à maintenir l'union commerciale et financière d'autrefois, entre toutes les provinces ou dépendances de l'ancien duché de Savoie, y compris Genève, ancienne vassale du duc : une association d'affaires peut conduire à une réunion de territoire; la route napoléonienne du Simplon liera pendant quinze ans Genève à notre Empire, et l'on s'étonnerait que l'ombrageuse seigneurie du XVIe siècle n'eût pas, dans les franchises de trafic et de transit, flairé les risques du Zollverein savoyard, si l'on ne savait pas quelle domination ont toujours exercée sur la République les profits immédiats des gens de banque et de commerce.

N'eussent été ces profits, bien des Genevois auraient, je crois, considéré les franchises d'Ancien Régime, non comme une servitude de la France à l'égard de Genève ni comme une hypothèque des Genevois sur notre souveraineté, mais, plutôt, comme une survivance dangereuse, un témoin persistant des prétentions savoyardes à la suzeraineté, dont le roi avait hérité pour partie, en même temps que du Pays de Gex. Elles auraient dû apparaître surtout comme le salaire ou la solde de la « protection » française, acceptée par les Genevois.

De 1589 à 1798, Genève fut, en nom et en fait, sous la « protection » du roi, on dirait aujourd'hui : sous son « protectorat ». Au service du roi, héritier des droits et devoirs ducaux dans le Pays de Gex, Genève pouvait aspirer à jouir encore des avantages que lui avait valus sous les ducs son ancienne sujétion ou vassalité, comme elle jouissait des « bénéfices » que les empereurs, puis les comtes et les ducs avaient jadis concédés à son église romaine et que se transmettait son église genevoise, laquelle n'était qu'une autre face de sa seigneurie. Genève, à l'égard du roi, était sur le même pied que les nouveaux Français des « provinces circonvoisines », ses anciens co-sujets d'autrefois, gens de Gex, du Bugey, du Valromey et de la Bresse, que le duc, suzerain et même, disait-il, souverain de Genève, avait transmis à la France avec tous leurs droits reconnus ou disputés.

Les défiances dont Genève paiera les bontés royales, aussitôt qu'elles lui seront assurées, sourdront du sentiment profond qu'elle aura de sa dépendance nouvelle : sa « noire ingratitude » (ainsi parlent certains fonctionnaires royaux au XVIIIe siècle) aura sa cause, mais non son excuse, dans la crainte des exigences que ces bienfaits réclamés et reçus pourraient motiver et légitimer en retour. Elle réclamait et obtenait d'être traitée par le roi, comme elle avait été traitée par le duc, en ce qui regardait son commerce et ses propriétés foraines. Mais si la protection du roi voulait un jour, comme autrefois la suzeraineté du duc, intervenir en son administration urbaine et contrôler son indépendance politique et religieuse...

Dans ses sentiments d'aujourd'hui, Genève garde quelque trace de ces contradictions d'autrefois : la « grande » France est sommée par elle de continuer privilèges et services à sa « faible et petite » voisine; c'est obligation de morale et devoir de justice; agir d'autre sorte serait d'un « grand lâche »; mais la France doit comprendre que sa grandeur même et son voisinage et jusqu'au poids de sa protection et de son aide séculaires, sans lesquels Genève n'aurait pas pu vivre, obligent les Genevois à une inquiétude soupçonneuse.

En novembre 1601, le roi, par lettres-patentes, avait répondu favorablement aux nouveaux Français de la Bresse, du Bugey et du Valromey : ayant reçu leur « serment de fidélité et l'entière asseurance de leur affection et obeyssance et desirant leur donner ce qui lui sera possible de contentement sur ce qu'ils lui requièrent », il leur disait et déclarait, « par les présentes, signées de sa main, que son vouloir et intention est que les habitants des lieux délaissez et cédez par le duc de Savoie » conservent les privilèges, franchises, libertés et immunités, donc, concessions et octrois, dont ils sont en bonne et due possession : « Ainsi, de nos grâces spéciales, plaine puissance et autorité royale, nous les leur donnons, concédons et octroyons »...

C'est dans les mêmes termes que, six mois plus tard, par les lettres-patentes de Poitiers (6 mai 1602), il répond aux « Articles sur lesquels les Députez de la Seigneurie de Genève *supplient très humblement* leur estre pourveu par Sa Majesté Très-Chrestienne ».

Art. 1er. — Sa Majesté est très humblement suppliée conserver et entretenir les citoyens, bourgeois, habitans et subiects de Genève ez immunitez et franchises, desquelles ils ont joüy d'ancienneté au bailliage de Gex et *autres terres cédées à Sa Majesté par Monsieur de Savoye.*

Spécialement qu'il plaise à Sa Majesté les tenir exemptz de toutes tailles, subsides, contributions et autres charges et impositions mises et à mettre sur lesdites terres en continuation de leurs dites immunitez et franchises, desquelles ils ont joüy tant du temps des Comtes et Ducs de Savoye que des Roys de France, des Seigneurs de Berne, qu'encore depuis jusques à présent.

On voit qu'il ne s'agit pas seulement du Pays de Gex ni de franchises douanières. Le roi va même refuser la principale demande des Genevois à ce sujet : la suppression du bureau de douanes de Versoix. La franchise du transit, malgré ce bureau, sera maintenue, comme aux temps des ducs; la présence des douaniers français (depuis 1923, il en pourrait être de même à nouveau) n'empêchera pas l'exercice de la franchise. Mais, — restriction notable, inconnue avant 1923, — le commerce de

Genève avec la France restera grevé des droits antérieurs : « Toutes sortes de marchandises, venans d'Italie et d'ailleurs à Genève, ne payeront aucune chose à Versoy, comme aussy les marchandises sortans de Genève pour aller en Suisse, Lorraine, Allemagne ou autres païs estrangers ne payeront aucune chose, horsmis celles qui dudit Genève entreront en France ou sortiront de France, lesquelles payeront ce qu'elles avoient accoustumé ».

Le roi n'accorde de franchises à la sortie de France que pour le sel et les denrées dont dépend l'approvisionnement de Genève. Il ne demande pas la réciprocité à l'entrée de Genève. Ce n'est pas seulement que la seigneurie n'a pas de douanes, que les terres savoyardes ont pratiquement le monopole de la fourniture et que la ville affamée appelle à grands cris les arrivages quotidiens, sans qu'elle en ait jamais assez pour en faire un trafic au dehors : c'est aussi que le roi ne traite pas avec la seigneurie d'égal à égale, en lui demandant des droits réciproques ou compensatoires de ses propres concessions; entre « protégée » et « protecteur », entre « suppliante » et « octroyeur », il s'agit, non pas de droits balancés ou échangés, mais de faveurs unilatérales, qui ne dureront que selon le gré et bon plaisir de Sa Majesté; les tailles, subsides, contributions et charges imputables aux propriétaires genevois et la « pancarte » du sel seront rétablis au bailliage de Gex, dès qu'il plaira au roi, avec ou sans motif, d'interrompre ses bienfaits de pure grâce.

Les articles suivants règlent dix autres matières qui n'ont rien de commercial : souveraineté de Saint-Victor et Chapitre, revenus de Saint-Jean, amnistie pour les « choses passées », droit d'aubaine, etc... Demandant que des lettres-patentes leur octroient ce bénéfice « sur tous les points cy-dessus spécifiés », les Genevois « seront d'autant plus obligez à continuer le très humble service qu'ils ont voüé à Sa Majesté et Couronne », disent-ils.

M. Fr. de Crue résume et définit le mieux du monde ces lettres-patentes de Poitiers, en disant qu'elles ont été surtout « la charte solennelle, accordée *aux propriétaires genevois du Pays de Gex* ». Notons bien ce terme : c'étaient surtout aux particuliers genevois, possédant des terres en pays gessien, français, qu'étaient accordées des immunités fiscales et franchises de diverses espèces. « Dès lors, reprend M. de Crue, les habitants de la ville se crurent à l'abri des tracasseries des bélistres de la douane française » pour l'exploitation de leurs propriétés foraines et la rentrée de leurs fermages et récoltes. Mais, pour le commerce et le transit, « on n'avait pas pu réussir à faire supprimer le bureau de Versoix ».

En cette « charte » octroyée, où découvrir le moindre mot qui implique une négociation, un traité, même une apparence d'obligation contractuelle? Genève demande, supplie; le roi daigne écouter, accorder, mais de pure grâce, et pour le jour présent, sans que rien l'engage pour l'avenir. Le jour qu'il lui plaira, à lui ou à ses successeurs, de changer d'avis, ils pourront décider, « selon leur bon plaisir » envers leurs « très-humbles serviteurs », révoquer et innover, comme ils ont concédé ou maintenu, de leur « grâce spéciale, plaine puissance et autorité royale ». Genève aura le droit (elle en usera souvent et abondamment) d'envoyer des députés pour plaider sa cause, présenter de nouvelles suppliques et humbles remontrances, mais rien de plus. A plus forte raison, le roi pourra-t-il interrompre ou même supprimer protection et « bénéfices », si la protégée et bénéficière vient à méconnaître ses devoirs, tels qu'ils ont été spécifiés, dès l'origine, dans les articles XII et XIII du premier traité de Soleure (8 mai 1579) :

Art. XII. — Et pour reconnoissance du bien que la dite Ville recevra du Roi par le moien de la dite deffense et conservation, les sujets de Sa dite Majesté auront seur et libre accez en icelle, *tant pour le regard du trafic et autres affaires, qu'ils y pourroient avoir*, qu'aussi pour le passage des gens de guerre que Sa dite Majesté et ses successeurs auront à tirer des dites Ligues ou à envoier de France au delà des monts. Lesquelles gens de guerre, passans à la file sans desordre et avec toute modestie, y seront receus et logez et à iceux administrez vivres et autres choses nécessaires, en paiant raisonnablement, et seront pour cet effet les Seigneurs de ladite ville premierement avertis du passage desdits gens de guerre, attendu la qualité de ladite ville, à ce qu'ils ne soient surpris ou surchargez.

Art. XIII. — Comme aussi ne sera donné aucun passage ni retraite en ladite ville de Genève aux ennemis de Sa Majesté et couronne de France.

Donnant, donnant : la « protection » du roi conserve et défend Genève pour avoir, en cas de guerre défensive, une forteresse au devant de la frontière du royaume et, en cas de guerre offensive, une étape des armées royales. Au service du roi, Genève, pourvue d'un « résident », peut devenir une « place » du roi, de la même façon, sinon au même titre que Tunis et Fez sont aujourd'hui des « places » de la République.

Le roi n'en revendique pas seulement le libre usage; il irait jusqu'à en réclamer le monopole : dans sa pensée, Genève ne doit avoir de garnison que genevoise ou française. Henri IV lui-même, en pleine affaire de l'Escalade, quand mille Zurichois et Bernois viennent au secours de la seigneurie, Henri IV, le « grand ami » de Genève, ne trouve pas bon que les Genevois « aient fait entrer dans leurs murs les Suisses plutôt que les Français ».

D'Henri IV à Louis XVIII inclusivement, tous les Bourbons revendiqueront cette « protection », qui, elle, est une obligation contractuelle, stipulée en des traités. Le 31 mai 1814, jour de la signature du premier traité de Paris, c'est le mot que le roi restauré entendait et avait voulu entendre de la bouche de Pictet de Rochemont dans l'audience qu'il lui accordait : « Notre faible République a éprouvé à diverses époques les effets de la puissante protection des rois, vos aïeux », disait Pictet, et Louis XVIII, à qui ce premier traité n'enlevait rien du territoire de ses aïeux, répondait : « J'ai les mêmes dispositions pour votre République que les rois, mes prédécesseurs : je la protégerai, comme ils l'ont protégée... » Ce même traité faisait — au dire de Pictet, — « retomber Genève sous l'influence de la France », d'où son langage d'alors. Au second Congrès de Paris, après la curée chaude de novembre 1815, quand il eut obtenu son morceau de France et la servitude zonière sur les Français de Gex, il ne demanda plus à Louis XVIII ni audience pour lui-même ni protection pour sa patrie.

L'esprit juridique des Genevois a défini dès 1624, en une formule parfaite, la véritable nature des rapports entre Genève et la Couronne. Des besoins d'argent avaient décidé Louis XIII à suspendre ou supprimer les immunités et franchises accordées par Henri IV. Dans sa lettre du 18 janvier 1624, la seigneurie ne proteste pas contre cet acte du bon plaisir, qui ruine la « mesure de grâce » antérieure, sans plus de discussion qu'il l'avait accordée. La seigneurie demande humblement que S. M. veuille bien lui continuer « les témoignages de Son assistance et bénéficience *accoutumée pour l'année présente* ». Elle charge son député « de représenter à S. M. l'altération qui est faite aux *concessions et privilèges* qu'elle a obtenus, dans le bailliage de Gex, du feu roi Henri IV le Grand, *en suite des droits* dont nous avions jouy de tout temps dans ledit bailliage, et qu'il Lui plaise nous maintenir à forme de nos dits privilèges... Nous en demeurerions à jamais obligez à V. M., pour lui rendre les vœux de *notre très humble service...* »

La seigneurie, voulant « faire découler à nouveau les ruisseaux de la bénéficience et libéralité » royale, reconnaît le caractère gracieux de ces « concessions et privilèges » autant que leur précarité (*pour l'année présente*). Elle en sait l'origine historique : ce sont coutumes héritées de l'ancienne condition des territoires, quand l'union politique en en un seul Etat souverain ou suzerain donnait à la Ville et à son évêque des « droits » dans le bailliage co-savoyard de Gex, comme dans les autres bailliages du duché; c'est *en suite*, — et non pas *en conséquence* ni *en vertu* ou *effet*, — de ces « droits, dont nous *avions* jouy de tout temps », sous la suzeraineté savoyarde (1), mais dont la cité indépendante ne peut plus se réclamer, que les anciens sujets du duc implorent, de la bonne volonté et pure grâce du roi, la prolongation de ces bienfaits « accoutumés ».

Où trouver dans cette supplique le moindre terme, le moindre ton conforme aux théories actuelles des Genevois ? Ils disent que « Henri IV avait voulu tenir, autant que faire se pouvait, une parole qu'il avait donnée aux Genevois de leur donner Gex »; empêché par les stipulations du traité de Lyon, il avait dû garder ce territoire; mais, « sachant qu'ils

(1) Le duc lui-même ne parlait pas plus juste, quand, sollicité par Henri IV de continuer les privilèges dont les propriétaires genevois jouissaient en ses États, il répondait par la bouche de son ambassadeur (22 mai 1603) : « C'est la faute des Genevois : ils ont brisé les liens de respect et d'obéissance, qui leur avaient valu autrefois ces privilèges d'exemption ».

attachaient autant d'importance à la possession économique qu'à la possession de fait, il avait créé, par lettres-patentes du 25 mai 1602, ce régime d'exception qu'on a appelé plus tard le régime de l'abonnement »... Comment alors expliquer que les Genevois de 1624 eussent oublié déjà la vraie nature des engagements royaux ? Comment, sans même réclamer des « droits » contractuels, ne font-ils pas allusion à ces intentions et promesses royales que jamais des lettres-patentes, ni en 1602, ni plus tard, n'ont enregistrées, indiquées d'un seul mot, laissé soupçonner, et avec lesquelles le régime de l'abonnement, comme nous allons voir, n'a rien eu de commun ni d'analogue ?

Si, malgré tout, on tenait au mot de contrat, pour désigner les décisions d'Henri IV en faveur de Genève, ou pourrait, à la rigueur, invoquer le dernier paragraphe de l'article X des lettres-patentes de 1602 : « Obtenans ce bénéfice (notons encore ce mot en son sens ecclésiastique et médiéval; car Genève est toujours « d'Eglise » : elle continue de percevoir les dîmes de son évêché), ceux de Genève sont d'autant plus obligez à continuer le très humble service qu'ils ont voué à Sa Majesté et Couronne ».

Entre Genève et le roi de France, ce ne peut être que contrat de service ou, si l'on veut, de louage, mettant la seigneurie dans la protection, dépendance, grâce et faveur de S. M., mais au service aussi et presque dans l'obéissance de la Couronne. Les Genevois d'aujourd'hui pensent-ils à renouveler ce contrat d'autrefois, pour retrouver, de notre bon plaisir, leur bénéfice du Pays de Gex ?...

Le caractère provisoire et précaire de cette « charte » libéralement octroyée éclata dès la promulgation : un mois après, Gaspard Corneglio, fermier-général, sortait un ordre du Conseil du Roi, qui annulait la franchise du transit à Versoix, où son contrat l'obligeait à faire rentrer au Trésor un revenu annuel de six mille écus. On imagine les plaintes de Genève contre l' « avide » fermier. Mais c'est « humblement » que ses députés demandèrent que l'on abrogeât l'ordre du Conseil et que l'on voulût bien « interpréter quelques articles des précédentes Immunitez » (août 1602). Le roi daigna accorder abrogation et interprétation, en partie seulement; il fallut « supplier et remontrer humblement », deux années pleines, pour en terminer par l'Edit de Fontainebleau (1604).

Deux mois plus tard (octobre 1602), les « très humbles serviteurs » du roi imploraient de Sa Majesté et des seigneurs de son Conseil une nouvelle « interprétation des précédens Articles », en mettant d'abord en cause le fermier des gabelles, puis, de nouveau, le fermier de la « traverse », puis les retardements et inexécutions, faute de l'enregistrement parlementaire.

Tout au long du XVIIe siècle, les abus des traitants et de leurs commis alternent avec les plaintes et satisfactions des Genevois : le roi est excédé par les réclamations ou suppliques qui lui viennent des deux parts. Les Genevois s'avisent enfin d'un remède : en 1681, ils font un traité en règle, non pas avec S. M., mais avec le fermier de la « traverse », dont ils achètent les complaisances, et ils renouvellent en 1685 et 1718 ce traité par lequel ils s'engagent à payer, sans discussion, au bureau de Versoix :

quarante sols tournois pour chaque charge de cheval ou mulet, de quelque sorte de marchandises que ce soit;

vingt sols pour la demi-charge;

dix sols pour un paquet au-dessous de trente livres;

aucun droit sur l'argent comptant.

Ce traité en règle, qui assure aux Genevois ce qui importe le plus aux affaires de leurs banquiers, — le libre transit de l'argent, — ce contrat en bonne et due forme leur donne assurément des « droits » à l'égard du fermier, qui y a apposé sa signature, mais non pas du roi, qui n'est pour rien en ces stipulations, qui les ignore et qui a le droit de les ignorer; car, laissant à ses entrepreneurs de levées la liberté ou la licence des moyens, il ne leur demande que le respect du tarif maximum et le paiement régulier du fermage.

Mais en 1724, le roi ou ses fonctionnaires constatent que le fermier touche à Versoix des revenus supplémentaires et que le trafic de la route n'est pas diminué par cette limitation pratique des privilèges jadis concédés. Le roi les supprime donc pour amener à son trésor les revenus qui vont à son fermier. Le 27 avril 1725, La Closure envoie un

Mémoire « des Seigneurs de Genève concernant le passage des marchandises par le Pays de Gex ». Ce *Mémoire* essaie d'établir (c'est le temps où la seigneurie prépare son autre *Mémoire* sur les dettes d'Henri IV, que le même La Closure enverra au début de 1726) une habile confusion entre les « immunités » et les « droits » de Genève : « Comme les ordres du Conseil de S. M. tendent à priver la ville de Genève des *droits dont elle a joui jusqu'ici,* les dits seigneurs se *trouvent indispensablement à faire les représentations suivantes pour le maintien de ses droits* ».

Droits au lieu de grâces ou concessions; *représentations* au lieu de supplique : ces nouvelles formules d'égalité diplomatique ne furent pas, — on l'imagine sans peine, — acceptées du roi « protecteur »; dans le traité de 1749, que j'ai cité plus haut, Louis XV ramènera Genève à la notion exacte et traditionnelle de gratitude et « reconnaissance » pour les « marques publiques et particulières de la bienveillance royale ».

Le roi accueillit néanmoins la requête de 1725, qui, sur un autre ton, se terminait par la prière « d'être maintenus dans le *bénéfice* des articles de Poitiers » et par un appel à « la bienveillance de S. M. ». Mais en 1745, 1747, 1750, 1755 et 1756, il interpréta ou modifia à son gré et à celui des traitants les conditions du commerce et du transit, et en 1766, il supprima toutes franchises. Ce ne furent ensuite ni les revendications juridiques de Genève ni un traité entre elle et le roi, qui les rétablirent :

ce fut le bon plaisir royal, répondant aux plaintes qu'avaient adressées les Gessiens eux-mêmes, en un *Mémoire* (23 mars 1775) inspiré par Voltaire et signé par le grand bailli du Pays et les syndics du clergé, de la noblesse et du tiers-état. En ces plaintes des Gessiens, on aperçoit mieux encore la véritable origine, la nature et le motif réel des franchises.

*
* *

Comme les gens de la Bresse, du Bugey et du Valromey et comme ceux de Genève, — et sur le même ton de « très humbles remontrances », — les gens de Gex, eux aussi, étaient venus présenter au roi leurs « supplique et cayers, après le traité faict à Lyon au mois de janvier 1601 ». Exemptions, immunités et franchises, tailles, péages, gabelle, sel, commerce, etc..., y étaient mêlés, et les Genevois y avaient leur place, mais non pas en matière de douane seulement. Les Gessiens demandaient que leurs exportations vers Genève et le Pays de Vaud fussent, comme d'ancienneté, libres de la taxe de « traverse », et qu'il ne fût « rien deub de tout ce qui provient du creû du dict bailliage et des marchandises qui s'y fabriquent, lors que l'on les meyne vendre à Genève ou au pays de Vaulz, dont ilz sont proches voysins, ny ailleurs ». Sur cet article, le roi accordait sans restriction ni réserve et sans la moindre allusion aux « droits » ni aux commodités de Genève. C'est le seul intérêt ou plutôt le besoin vital des nouveaux sujets de S. M. que la supplique gessienne et la réponse royale considéraient; éloignés du reste du royaume, les Gessiens en étaient alors complètement séparés par la Franche-Comté espagnole et par une langue de territoire, qu'au nord du Rhône, dans la vallée de la Valserine, s'étaient réservée les ducs de Savoie (article I du traité de Lyon), pour garder une communication ininterrompue avec cette Comté :

Pour la commodité du passage, demeurera audit sieur Duc le Pont de Gressin sur ladite rivière du Rhône. Et, par delà le Rhône, les paroisses des Landis et Herzery, du Leaz, Lancran et Chezery, avec tous les hameaux et territoires qui en dependent, entre la rivière de Vaucerine et le long de la montagne apelée le Grand Credo, jusques au lieu et village appelé La Rivière, et, passée la dite rivière de Vaucerines, demeure encore audit sieur Duc le lieu de Maingrecombes jusques à l'entrée plus proche pour aller et passer au Comité de Bourgogne.

Le duc conserve ainsi la route de guerre qu'il a toujours mise au service des Espagnols, entre leur Milanais et leur Comté, et dont, au delà, le duc de Lorraine leur offre la continuation entre leur Comté et leurs Pays-Bas.

De 1601 à 1760, cette étroite et longue lisière de Savoie subsistera au nord du Rhône. Jusqu'à l'annexion définitive de la Comté à la France, en 1678, elle fera du pays de Gex une enclave française qu'entourent de toutes parts vers l'ouest la Comté espagnole et, vers le nord, l'est et le sud, les anciennes ou présentes possessions du duché savoyard, dont l'une, Genève, avait conquis son indépendance, dont une autre, Vaud, subissait le servage bernois. Le traité de limites, conclu en

1760, entre le roi et le duc, cédera à la France cette lisière sur le revers du Jura gessien. Mais le souvenir de l'ancien passage entre la Savoie et Comté demeurera dans le nom de « Chemin des Savoyards », dont les vieux du pays usaient encore à la fin du siècle dernier.

Même après 1760, le bailliage de Gex reste physiquement séparé de la Comté française par la haute barrière du Jura, dont les Bernois, seigneurs de Vaud, tiennent les deux cols de La Faucille et de Saint-Cergues : c'est vraiment un « pays étranger », sans contact ni relation avec le reste du royaume, sans autre communication avec la France que par la gorge du Rhône et sans autre écoulement de ses marchandises et denrées que vers Genève et le Pays de Vaud.

Le motif principal, qu'en 1603, ces fidèles sujets de S. M. invoquent pour obtenir le libre et franc commerce avec leurs voisins, est donc que « lesdits suppliants sont en lieu proche de tant de diverses dominations et provinces, avec lesquelles, *par necessitez,* ils ont traffics... Si aultrement n'y est pourvu, au lieu d'y attirer des habitants, la plupart de ceux qui y ont moyen de faire quelque art ou traffic de marchandises se retireront à Genève ou aulx terres de Berne..., attendu que ladite ville de Gex et les villages n'ont moyen d'estre réparez ou réedifiez, ni les habitants de se relever de la misère, en laquelle ils ont esté réduicts, causant les guerres passées, sy non que quelque traffic et manufacture y soit établi, par le moyen de quoy eulx et beaucoup de gens qui y pourront venir habiter puissent faire quelque gain et proffict honneste... »

C'est cet isolement géographique et politique, avec ses conséquences et nécessités commerciales, qui, durant tout l'Ancien Régime, a dominé les relations entre le roi et ses nouveaux sujets, comme entre eux et l'étranger : le Pays de Gex étant ainsi enclavé, le roi, pour ne pas affamer ses sujets, aurait été obligé de créer les franchises, si S. M. ne les eût pas trouvées déjà dans les coutumes antérieures et dans les concessions du précédent souverain.

Mais, ici encore, la libre sortie des denrées gessiennes vers Genève et le Pays de Vaud, qui ne faisait que perpétuer les rapports économiques d'antan, flattait aussi les anciens espoirs et elle sauvegardait (disaient certains) les anciens droits à une entreprise de maintenance ou de restauration plus complète : au cas où, quelque jour, le duc, dédommagé en Italie, céderait au roi toutes ses terres et prétentions en deçà des Alpes, pourquoi ses anciens bailliages des deux côtés du Rhône ne retrouveraient-ils pas, par les moyens idoines, « leur » cathédrale, « leur » forteresse, « leur » marché, « leur » Ville, avec laquelle ils auraient maintenu leur vieux commerce quotidien ? Le « marché naturel » de Genève revendiquait en propriété souveraine tout le territoire de sa clientèle; pourquoi la clientèle savoyarde ou française ne revendiquerait-elle pas, quelque jour, en pareille propriété, son marché naturel de Genève ?

Si donc les Genevois avaient leur profit à ces franchises, si les Gessiens en avaient le besoin le plus pressant, à Paris, — outre que S. M. n'aurait tiré aucun revenu de ce territoire que viderait l'émigration, — certaines gens du roi y trouvaient satisfaction à des rêves politiques, dont le zèle religieux pouvait faire de prochaines réalités.

Mais les Gessiens de 1601, comme ceux de 1930, tenaient, du moins, à ne rien céder au commerce genevois sans concessions réciproques : :

Art. XIII. — Aussy, d'aultant plus qu'il a pleu à Votre Majesté tenir exemptz lesdits citoyens de Genève de tous péages et impostz rière le bailliage de Gex, qu'il playse à V. M. pourvoir à ce que semblablement les habitants dudit bailliage soient exemptz audit Genève et rière les terres d'icelle, de tous péages, pontonnages, gabelles et aultres impostz.

Réponse. — Fera Sadicte Majesté que les suppliants reçoivent mesme traictement d'eux que les habitants du pays de Vaud.

Les franchises, dont bénéficierait Genève, devaient donc avoir pour contre-partie la réciprocité au bénéfice des Gessiens : le roi, de qui seul dépendait le maintien des concessions, prenait envers ses sujets l'engagement de cette réciprocité; Genève devrait les traiter comme ses combourgeois de Berne, maîtres du Pays de Vaud... Quand les Genevois d'aujourd'hui allèguent ces vieilles franchises à l'appui de leurs prétentions actuelles sur la clientèle gessienne, ils oublient volontiers que la réciprocité en était la condition première et que cette condition, réalisée ou non dans la pratique, pouvait toujours leur être imposée par le roi, du jour au lendemain.

Les Gessiens, d'autre part, entendaient ne pâtir en rien, non plus, des exemptions fiscales dont le roi avait comblé les Genevois en leur territoire. Sous le duc de Savoie, les Gessiens ne payaient « aucune charge ni taille, sinon un subside qui revenoit, chacun an, en monnoie de France, à 3549 livres, 7 sols et 4 deniers ». Ils avaient été durant douze années (1589-1601) « pillés, bruslés et reduicts en ruine » par les entrées, sorties, rentrées et séjours des armées ducales, « en hayne de ce qu'ils avaient été reduicts par guerre à l'obéissance du roi ». Or, on leur demandait aujourd'hui, pour la taille seulement, deux mille écus, dont cinq cents auraient dû être payés par les propriétaires genevois, qui s'y refusaient, vu que « les deputez des Seigneurs de Genève, ayant recouru à Vostre Majesté pour, entre aultres choses, estre exemptez du payement des tailles pour les biens et héritages que les habitants dudict Genève possèdent au dict bailliage, Vostre Majesté leur octroya la dicte exemption »...

Le roi, comme de juste, déchargea de ces cinq cents écus les Gessiens et l'élection de Belley dont ils faisaient partie. Mais, ne voulant rien y perdre, comme de juste, il mit la charge sur l'élection de Bourg. Pour ces franchises de 1604, comme pour les zones de 1913, c'étaient d'autres Français qui payaient les privilèges de Genève en territoire gessien. En 1776, Louis XVI et Turgot trouvèrent une formule plus équitable : ils demandèrent aux Gessiens eux-mêmes la rançon fiscale de leurs franchises douanières.

En 1776, Louis XVI répondait au *Mémoire* de 1775, que Voltaire, seigneur de Ferney, avait inspiré. Les Gessiens avaient allégué les mêmes raisons qu'en 1604 :

> Les habitants du Pays de Gex sont d'autant plus malheureux qu'éloignés des villes de commerce du royaume, ils sont forcés de se pourvoir à Genève de tout ce dont ils ont besoin, pour leur subsistance, pour leurs habillements et pour l'agriculture; ils sont réduits à la nécessité ou de payer des droits excessifs à l'entrée du pays ou de s'exposer à des confiscations ou à des amendes qui les ruinent...

En son édit du 22 décembre 1775 (Lettres-patentes du 20 janvier 1776), qui fut appelé l'« Edit de Voltaire » et considéré comme une victoire du philosophe, Louis XVI reconnaît la position désavantageuse de ce pays, « enclavé entre les terres de Genève, de la Suisse et de la Savoie et séparé de la France par le mont Jura ». C'est cette « position » de Gex qui détermine le roi, « de certaine science, pleine puissance et autorité royale », à rétablir les franchises supprimées en 1774. Ici encore, les seuls besoins de Gex sont allégués : le nom de Genève ne figure que dans la phrase citée plus haut.

L'union de la Franche-Comté à la France (1678), puis la suppression de la bande savoyarde dans la vallée de la Valserine (1760) n'avaient remédié que fort peu à l'éloignement et à l'isolement des Gessiens. La grande route napoléonienne du Simplon, qui fit ensuite de Genève, devenue française, le chef-lieu de la préfecture du Léman et l'étape principale entre Paris et Milan, augmenta ensuite leur dépendance envers les Genevois, sans leur donner plus de contact avec les marchés de la France propre. En notre début du XXe siècle, le chemin de fer vers Bellegarde leur assure des communications fréquentes et rapides avec Lyon et les villes et ports du Rhône, mais non pas avec Paris et le reste de la nation.

Le problème de la vie pour les Gessiens ne sera résolu que le jour où, d'une part, ce rattachement ferroviaire sera complété et où, d'autre part, toutes les forces du Rhône enfin captées implanteront chez eux, comme chez les Savoyards d'en face, les petites et grandes industries de l'électricité : affranchis de toute dépendance envers le monopole genevois, ils n'en garderont que plus cordiale leur profitable intimité, tant avec *leur* ville et marché de Genève qu'avec leurs voisins du Pays de Vaud et les autres Confédérés.

Depuis 1923, d'année en année, la majorité des Gessiens, qui cherchent de ce côté la solution du problème, est allée toujours croissant : elle touche aujourd'hui à l'unanimité. Si quelques vendeurs de lait restent encore attachés au souvenir des faveurs que leur fit le souverain d'Ancien Régime; si, cent cinquante ans après l'« Edit de Voltaire », il est quelques « frontaliers » extrêmes, qui persistent à en réclamer la stricte et littérale application, la grande ombre du philosophe doit les couvrir et protéger encore; mais il leur restera à formuler, calculer, présenter au seul Parlement français et à faire accepter par ce représentant du « souverain » d'aujourd'hui les modalités financières qu'ils choisiront pour respecter, eux aussi, en 1930, les conditions de 1776. Louis XVI disait dans l'article IV de son Edit :

Art. IV. — Voulons en outre que, pour Nous tenir lieu — ou à l'adjudicataire de nos fermes, — de la perception des droits de traites et du privilège exclusif de la vente du sel et du tabac, ci-dessus supprimé dans le pays de Gex, les syndics du clergé, de la noblesse et des Trois Etats dudit pays soient tenus de nous payer annuellement, à commencer dudit jour, 1er janvier prochain, entre les mains dudit adjudicataire de nos fermes, la somme de trente mille livres, laquelle somme nous les avons autorisés et autorisons d'imposer sur tous les biens-fonds de ladite province et proportionnellement à leur valeur réelle, soit que les dits biens-fonds soient possédés par des privilégiés ou non privilégiés, ecclésiastiques, nobles et roturiers, sans excepter les propriétaires, qui ne font pas leur résidence dans le pays.

Si l'impôt sur le revenu n'était pas en exercice, il faudrait l'inventer pour permettre, soit aux communes soit, plutôt, aux maisons gessiennes, qui voudraient rester zonières, de répartir sur tous les biens-fonds, « même des propriétaires qui ne font pas leur résidence dans le pays », — à bon entendeur, salut! les deux tiers des fermes bordières sont aux mains de propriétaires genevois, — les taxes qui seraient la contre-partie de leurs immunités maintenues. Quand la guerre de 1914-1918 a quadruplé les charges de la France entière et de nos provinces mêmes que l'invasion a ravagées, la lisière de Gex, qui, depuis un siècle n'a vu la fumée ni d'un camp ni d'un vapeur ennemis, comprendra sans peine ce rappel aux stipulations d'autrefois, que la France, pour sa part, ne songe qu'à oublier.

***

Genève explique d'une tout autre façon l'origine et les motifs des franchises gessiennes et son droit historique à leur perpétuelle maintenance. C'est dans les mêmes termes que le même « Genevois », semble-t-il, exposait cette théorie en son article anonyme du *Correspondant* (juin 1921) et, dix ans plus tard, mais sous le nom de M. Paul Logoz, dans le premier *Mémoire* de la Suisse devant la Cour de La Haye.

Cet éloquent, érudit et jurisprudent « Genevois », dans le *Correspondant* du 25 juin 1921, prêtait généreusement à Henri IV des engagements contractuels envers ses bons amis et alliés, touchant les franchises gessiennes; mais il savait que l'on ne pouvait invoquer ni les dettes royales, ni même « la forme » des traités; il n'en concluait pas moins que ces franchises, « créées au profit exclusif de Genève, sans aucune réciprocité pour les habitants de Gex », avaient été, « en réalité, une compensation économique, accordée contre les territoires », que Genève occupait et qu'elle remit aimablement au roi de France en 1601, pour la première fois, comme elle fit trois autres fois encore en 1814 et 1815.

On parle beaucoup de la souveraineté de la France sur les territoires de Gex et de Savoie, disait M. H. Micheli. Nous sommes au regret d'avoir à le dire : cette souveraineté est historiquement grevée de charges économiques, qui font corps avec le territoire lui-même. Si la France et la Sardaigne n'avaient pas en 1815 accepté ces charges, elles n'auraient pas obtenu la souveraineté. Et, si la Suisse n'avait pas eu la certitude de ces avantages, elle n'aurait pas abandonné les territoires. Il est impossible de dissocier historiquement les deux éléments : les hypothèques et la souveraineté.

C'est la souveraineté de la France sur la Savoie et le Pays de Gex que Genève entend remettre en cause; elle va dire plus explicitement que la France, ayant été obligée, plusieurs fois, de quitter ces territoires sous la pression de la force ou de la nécessité et, plusieurs fois, de les recouvrer par les armes ou par la diplomatie, n'en garde pas moins une obligation envers Genève, vu que des tiers, — sans aucun droit, il est vrai, — avaient, — dit-on, — promis ou attribué à Genève ces terres conquises, que Genève en avait accepté les propositions et recez et qu'elle a même gardé de ce bien d'autrui les morceaux les plus utiles pour elle.

La zone franche de Gex, en particulier, n'est que le signe d'une obligation diplomatique et surtout « morale », que les Genevois d'aujourd'hui, cédant aux nobles « passions qu'ils ressentent et dont ils ne sont pas maîtres », veulent maintenir à perpétuité. Ce n'est pas, — M. H. Micheli nous l'a dit et notre « Genevois » le répète, — qu'elle leur soit encore ou qu'elle puisse jamais leur redevenir économiquement nécessaire : pour la satisfaction des besoins vitaux qui l'avaient fait créer, à savoir leur ravitaillement, ils ont désormais, dans le vaste monde d'aujourd'hui qui les regarde et les admire, des fournisseurs plus lointains, mais bien mieux pourvus et de meilleure taille. Mais, en conscience, ils doivent garder cette hypothèque sur notre territoire, pour permettre à la France régénérée du XXe siècle de rester fidèle à un devoir et d'entretenir à jamais, dans le cœur de ses générations présentes et futures, un sentiment moral, le plus noble des sentiments moraux : la reconnaissance éternelle que tout être bien né doit à son bienfaiteur.

La zone franche de Gex, loin d'être une humiliation pour la France, représente l'indemnité que celle-ci a payée pour racheter le territoire qu'elle a cédé quatre fois: en 1601, en mai 1814, en novembre de la même année et en 1815... Garder le territoire en révoquant la dette, garder la chose en refusant le prix : voilà ce que l'on suggère à la France.

Il existe un français de Genève : « Il y a parmi les Genevois, disait Stendhal, des gens bien élevés qui n'ont pas d'autre langue maternelle que cette maudite langue française, si moqueuse et si logique...; dans les gazettes suisses, on peut faire provision de locutions singulières, appartenant au français-suisse ». Le mot *cession* doit être en ce français-genevois l'une de ces locutions singulières, dont Stendhal goûtait parfois les charmes : jamais, au grand jamais, ni en 1601, ni en 1814, ni en 1815, la France, ni aucune puissance au monde, par un acte authentique ni par une parole donnée, n'a *cédé*,

— ce que l'on appelle *céder* en français de France, — le Pays de Gex.

I. — J'ai trop longuement cité les historiens genevois sur cette crise de 1601 pour exposer à nouveau les faits et dires du roi de France et de ses ambassadeurs. Mais on peut prendre au pied de la lettre et comme paroles d'Evangile tous les rapports des députés de Genève qui furent envoyés à Henri IV pour demander humblement la possession du Pays de Gex; on n'en tirera que les conclusions suivantes.

Il est indiscutable qu'avant d'être lié envers le duc de Savoie par le traité définitif de Lyon, le roi eut l'idée, certains jours, de laisser à ses « bons amis » de Genève ce Pays lointain, entièrement séparé du royaume, comme il laisserait au Savoyard le marquisat italien de Saluces pour lequel s'était engagée cette guerre de douze ans (1589-1601). Il est possible et vraisemblable que, les Genevois ayant parjuré leurs serments de 1579 et de 1589 et signé leur paix séparée avec le duc de Savoie, Henri IV ait pensé les ramener à son alliance et à une reprise des hostilités non par la promesse, mais par quelque espoir de cet abandon, auquel rien ne l'obligeait dans les engagements antérieurs, même si Genève n'eût pas trahi la parole donnée.

Il est indiscutable qu'à deux et trois reprises, Genève repoussa les invites royales et que la victoire trop complète de la France fut pour elle une surprise douloureuse : elle avait mis sa confiance dans l'invincible armée que le duc préparait outremonts, et son intérêt, dans une paix blanche.

Il est indiscutable que le traité de Lyon, conclu sous la médiation pontificale, interdit à Henri IV tout abandon aux gens de Calvin des terres gessiennes que le duc lui cédait sur la rive droite du Rhône; mais le roi exigea qu'on lui remît sans cette réserve les terres gessiennes de la rive gauche, dont il disposa en faveur de Genève : il tenait ainsi, et au delà, tous ses engagements antérieurs, dont la trahison de Genève l'avait délié, et toutes les promesses récentes, qu'il avait faites à Théodore de Bèze, — les seules absolument certaines et reconnues, — touchant le seul fort de Sainte-Catherine.

Le *Mémoire* suisse de 1929 (p. 10), en résumant l'histoire de ce traité, reprend contre Henri IV la vilaine et fausse accusation de collusion avec le légat pontifical et il garde le silence sur les serments et la trahison de Genève, comme sur la donation du roi : est-ce trop dire qu'en un document officiel, pareils procédés mettent en cause la responsabilité, non seulement de l'auteur, mais de son gouvernement?

Il est indiscutable enfin que le roi, ayant retiré aux Genevois l'administration et l'usufruit du territoire gessien qu'il leur avait provisoirement laissés, n'eut jamais l'idée de leur donner en rachat, indemnité ou consolation les franchises gessiennes: ni dans les textes publics, ni dans les récits privés de ce temps, ni dans la minutieuse correspondance des députés genevois, on ne trouve un seul mot qui puisse être allégué en faveur de la thèse genevoise.

II. — En 1814, les Alliés, avec la complicité de Genève, avaient envahi et occupaient le Pays de Gex. Ils avaient fait espérer aux Genevois les plus beaux « arrondissements ». Pictet de Rochemont, dans son *Mémoire* du 16 juillet 1815, rappelait à ses concitoyens la triste histoire de leurs désillusions :

Lorsque nous présentâmes à Bâle, en janvier 1814, nos premiers mémoires à ce sujet, nous avions été acheminés par les ministres eux-mêmes des Puissances à demander une augmentation de territoire. Le Pays de Gex paraissait devoir nous être attribué, sans aucun doute. M. de Lebzeltern, nous parlant au nom de M. de Metternich, ne mettait même pas la chose en question. Mais les bases du traité de Paris furent posées avec précipitation...

La première de ces bases était la *Déclaration* publiée à Paris, dès le 31 mars 1814, par le tsar Alexandre : « Les souverains proclament qu'ils respecteront l'intégrité de la France telle qu'elle a existé sous ses Rois légitimes; *ils peuvent même faire plus,* parce qu'ils professeront toujours le principe que, *pour le bonheur de l'Europe, il faut que la France soit grande et forte* ».

Pendant tout ce premier Congrès de Paris, la *Correspondance* de Pictet nous le montre occupé à ruiner cette base et à réclamer l'amputation du Pays de Gex. Mais, en fin de compte, il ne rencontre, dit-il, que des résistances : « Je vous donne pour certain, — écrit-il le 21 mai, — que lord Castlereagh a dit à quelqu'un : « On comptait « donner le Pays de Gex à Genève; mais le roi ne « veut rien céder ». Le 22 mai, Pictet essaie de convertir le Prussien Humboldt, qui admet les « convenances politiques et administratives » de Genève à la possession de Gex, mais non pas les convenances militaires; le 25 mai, Humboldt lui annonce que « nous n'aurons rien dans le Pays de Gex » et, le même jour, Castlereagh lui déclare « qu'il est impossible d'obtenir de la France *la cession* d'aucune portion de ce territoire ». C'est alors que Pictet dresse son long *Mémoire* où il allègue le mensonge des dettes d'Henri IV.

Rentré à Genève, il fait son Rapport au Conseil d'Etat (8 juin 1814); il y raconte ses efforts et ses démarches pour « l'objet qui nous intéressait le plus ». Il a été écouté par les plénipotentiaires, surtout dans les journées des 23-24 mai; mais il a vu clairement que « nous avions une terrible résistance à vaincre dans le refus du roi et de son ministre »; M. d'Arnstedt lui a dit que « tous les ministres étrangers avaient été d'accord pour nous donner le Pays de Gex, mais que Talleyrand avait résisté si obstinément qu'on avait cédé et que la chose serait portée aux Souverains ». Ce n'est pas cette « cession » que peut invoquer Genève.

Quatre mois plus tard (24 octobre), au Congrès de Vienne, Pictet écrit : « Wessenberg nous a fait voir l'original du protocole par lequel le Pays de Gex nous avait été formellement cédé; j'ai lu de mes yeux la signature du bras droit de Talleyrand, dont le nom fait penser aux feuilles (le comte de La Forest), en date du 12 mai; conçoit-on que cela ait été défait par une surgénérosité ? »

Quelle peut être la valeur de ce protocole secret et annulé, en face du traité public et solennel qui, quatorze jours plus tard, avait déclaré que « l'Etat de Genève était maintenu tel qu'il était avant son annexion à la France »? Il est possible, d'ailleurs, que Pictet ait *vu* ce protocole qui n'a jamais été publié; il est possible aussi qu'il y ait vu plus que le contenu réel... Les plénipotentiaires voulaient céder Gex à Genève, mais ne l'ont pas cédé.

III. — La « chose est portée aux souverains » en ce Congrès de Vienne. « Seconde cession du Pays de Gex à Genève », — disent les Genevois, — et cette fois, par l'initiative de la France elle-même. Le premier *Mémoire* du Gouvernement suisse à la Cour de La Haye (août 1929) raconte ainsi les faits :

De nouvelles négociations relatives au Pays de Gex ne se heurtèrent pas, dès le début, à une opposition de principe de la part de la France; le second représentant de la monarchie restaurée, le duc de Dalberg, proposa, lui-même, en décembre 1814, à Pictet et à d'Ivernois, la cession d'*un district de* 10.000 *à* 12.000 *habitants du Pays de Gex* « pour faciliter la libre communication » avec la Suisse, moyennant diverses compensations territoriales; dès ce moment, Pictet eut l'idée que la « délimitation nouvelle » fût « fixée de manière à placer les douanes françaises le plus avantageusement qu'il se pourra pour prévenir la contrebande ». La proposition de Dalberg ne tarda pas à soulever des difficultés que son auteur n'avait pas prévues; dès le 23 décembre, Louis XVIII refusait son consentement *à la cession du Pays de Gex.*

Une fois de plus, on peut sur ce texte mesurer la valeur historique et morale des allégations genevoises, que le *Mémoire* de Berne a eu l'imprudence d'accueillir. Il suffit de lire la page de la *Correspondance* de Pictet (I, p. 240), à laquelle le *Mémoire* renvoie : *la cession du Pays de Gex* n'y paraît pas; il s'agit d'une toute autre affaire, d'un échange.

Au premier Congrès de Paris, Genève n'avait pu obtenir ni sa jonction territoriale avec la Suisse par le rivage gessien de Versoix ni le « désenclavement » de ses districts en terres gessiennes. Elle n'avait obtenu que l'usage commercial et militaire de la route de Versoix demeurée française. Pictet, le 8 décembre, reproduit « la note remise par Dalberg, aussi exactement que je puis me la rappeler », dit-il :

> La France, pour faciliter la libre communication, ainsi que pour désenclaver le territoire de Genève, consent à entrer en négociation pour la cession d'*un district* de dix à douze mille habitants (1) *dans la partie voisine du lac.*

(1) En son *Mémoire* du 16 juillet 1815, sur le désenclavement du Canton de Genève, Pictet avait dit : « En prenant pour limite la Valserine, le Pays de Gex comprend vingt et un mille huit cent soixante-quatorze habitants, dont trois mille six cent neuf se trouvent en dehors de l'enceinte du Jura. Si cette population nous est attribuée en totalité, elle formera, avec l'addition résultante de l'*Acte* du 29 mars, un total de près de trente-deux mille âmes, c'est-à-dire égal en nombre à notre ancienne population qui, déjà, contenait près de dix mille étrangers (9727), dont quatre mille deux cent quatre-vingt-trois catholiques. »

Sa Majesté Louis XVIII ne se dissimule pas que c'est en quelque sorte porter atteinte au principe de l'inviolabilité du territoire de la France et ne s'y déciderait qu'en vue de plus grands avantages pour le royaume.

Pictet ajoute : « Si nous prenions les 12.000 habitants *dans le Pays de Gex,* cela nous donnerait la capitale, dont nous n'avons pas envie, et une partie *qui nous est moins précieuse que ce qui nous manque sur la rive gauche du Rhône* ». Les deux rives gessienne et savoyarde du Rhône sont restées à la France; Pictet voudrait « désenclaver » sur ces deux rives. Il propose donc de demander à la France un territoire contenant 12.000 habitants qui sera pris : 1° *sur la portion du Pays de Gex,* située entre le lac, le canton de Vaud et le territoire de Genève, de manière à désenclaver celui-ci et à établir la communication directe entre Genève et le canton de Vaud; 2° *sur la portion de la Savoie* qui avoisine la vallée de Genève.

L'affaire ne fut pas poussée plus loin; la France retira sa proposition « d'échange » de territoires; car elle avait donné la liste des territoires suisses qui lui seraient donnés en échange; mais les gens d'Argovie et de Berne refusèrent les territoires demandés le long du Doubs.

IV. — Quatrième « cession ». Au second Congrès de Paris, Genève put croire enfin qu'avait sonné l'heure de la justice contre la France, responsable des Cent-Jours, — nous dit le « Genevois » de 1921: « Le retour de Napoléon, acclamé, ne l'oublions pas, par tout le peuple français, remit en question les résultats de la paix... Il ne parut pas que l'on pût refuser aux Suisses et aux Genevois ce Pays de Gex *qui leur avait appartenu pendant une partie du* XVIe siècle (1), que leurs troupes occupaient de nouveau, après une longue interruption, et dont les habitants leur manifestaient des sympathies. Le 19 septembre 1815, le Pays de Gex est donné à Genève pour la troisième fois en dix-huit mois ».

Le 19 septembre 1815, ce que les Quatre Puissances communiquaient au négociateur genevois, c'était « la substance des propositions qu'ils allaient remettre » sous forme d'ultimatum au gouvernement français... Est-ce là ce que l'on appelle en français de Genève une « donation », — et donation constituant titre de propriété ?

Dans ce « projet de traité, présenté sous forme d'ultimatum » aux négociateurs français (20 septembre 1815), les Quatre Majestés exigeaient que le roi de France adhérât sans délai aux « propositions » qui leur semblaient « les bases d'un arrangement propre à leur assurer de justes compensations pour le passé, ainsi que des garanties solides pour l'avenir ». On imposait, sans discussion préalable, sans observations ni réclamations possibles, à la pointe du sabre, les frontières que voici, entre la France et la Confédération :

Article II. — La démarcation suivra le Doubs jusqu'au fort de Joux, en sorte que la ville de Pontarlier, située sur

(1) Il me semble inutile de relever encore cette contre-vérité.

la rive droite du Doubs, appartiendra avec un rayon à la France, et le fort de Joux, situé sur la gauche, à la Confédération helvétique. Du fort de Joux, la ligne suivra la crête du Jura jusqu'au Rhône, laissant le fort de l'Ecluse hors de la frontière de France.

Toute une bande de terre française devenait genevoise, de par cet ultimatum qui s'adressait, il est vrai, moins au roi de France qu'à son ministre Talleyrand : les Quatre avaient constaté et subi l'habileté de Talleyrand au Congrès de Vienne, où il avait su les diviser si bien qu'une alliance contre la Prusse et la Russie avait été signée, le 3 janvier 1815, par l'Angleterre, l'Autriche et la France. Or, en cette même semaine de septembre 1815, Talleyrand signait avec la Sardaigne un traité particulier qui déroutait d'avance certaines combinaisons des Quatre.

Cet ultimatum fit tomber Talleyrand. Mais Louis XVIII, ayant « donné le duc de Richelieu à la France », retrouva tout aussitôt l'appui de la Russie : l'empereur Alexandre désirait le maintien du roi et du royaume; il appréciait surtout les services que lui avait rendus à Odessa le nouveau ministre, au temps de son émigration; Richelieu n'avait accepté le pouvoir que si l'ultimatum était

La scène est connue. Richelieu arrive chez le tsar. Alexandre a sur sa table la carte détaillée des annexions que réclame l'Autriche appuyée par la Prusse : l'Alsace et la Lorraine pour elle, la Flandre pour les Pays-Bas, etc. Alexandre remet la carte à Richelieu : « Tenez, mon cher Duc, voilà la France telle que mes Alliés voulaient la faire; il n'y manque que ma signature; je vous promets qu'elle y manquera toujours ». Les historiens genevois, par la plume de M. L. Cramer, rapportent les faits de la manière la plus véridique : « Tant que Talleyrand resta au pouvoir, les Puissances persistèrent à demander à la France des sacrifices dont les bases du 19 septembre permettent de se faire une idée... »

Ces bases sont l'ultimatum. Pictet demande donc pour la Confédération cette frontière du Doubs et du Jura, tracée dans l'ultimatum. Mais les Alliés ne lui font là-dessus aucune promesse, ni même aucune réponse que ce soit. M. L. Cramer poursuit:

C'est alors que se produisit un brusque coup de théâtre : la retraite de Talleyrand, suivie de la nomination du duc de Richelieu au ministère. Ce changement eut pour effet de mettre fin à la tension qui avait régné jusqu'alors entre les Alliés et la France. L'estime très grande que professaient les souverains, et particulièrement Alexandre, pour le nouveau ministre, la confiance qu'il inspirait à tous profitèrent au trône et engagèrent les Puissances à baisser le ton de leurs prétentions. *Le représentant de la Suisse, dont la brusque conversion des Puissances ruinait les espérances*, crut donc sage de borner, dès ce moment, ses efforts aux deux points sur lesquels ses *Instructions* insistaient le plus fortement, à savoir : la démolition de Huningue et la cession de Versoix, qui permettrait au canton de Genève de communiquer avec le reste de la Suisse.

Ces deux articles furent arrêtés et signés le 2 octobre. Le traité définitif établit la communication, en donnant à Genève les communes situées entre le lac et la Versoix, puis les limites occidentales des communes Collex-Bossy et de Meyrin.

M. L. Cramer parle en historien. Mais le Genevois, auteur principal du premier *Mémoire* suisse à la Cour de La Haye, tient un autre langage : « La première phase de la négociation avait *une fois de plus assuré* à Genève la possession du Pays de Gex; ... mais les conditions de paix qui furent, après la seconde phase, inscrites dans le second Traité de Paris, restituèrent à Louis XVIII le territoire que l'ultimatum à Talleyrand *avait eu* POUR BUT *de lui enlever définitivement :* les places de Condé, Givet, Charlemont, Joux, l'Ecluse, et *la plus grande partie du territoire de Gex occupé par les troupes étrangères...* ».

Le « Genevois » de 1921 disait plus audacieusement : « Genève fit volontiers ce sacrifice pour faciliter le rétablissement de la paix. Loin de dépouiller la France, elle lui restitua un territoire *que ses troupes occupaient* et qui lui avait été donné. Elle ne demanda, pour sa récompense, aux Français que de n'en pas perdre le souvenir et de savoir que Gex fut donné par Genève au duc de Richelieu en don de joyeux avènement ».

Faisons la part de l'incontestable vérité : durant l'été de 1815, après Waterloo, les Genevois, derrière les troupes autrichiennes, avaient courageusement occupé le Pays de Gex, dégarni de toutes troupes françaises... Combien de fois les troupes du roi et combien d'années les troupes napoléoniennes ont-elles occupé Genève ? et quel sacrifice n'avons-nous pas fait de cette précieuse ville aux ingrats Genevois, le jour où nous avons dû nous en retirer ? Notre retraite fut le plus beau « don de joyeux avènement », non pas à un ministre pour entrer en charge, mais au nouveau canton genevois, pour entrer dans la Confédération.

V

LE « DICT » DES DOUANES

Dans son discours du 2 février 1922, M. Motta, conseiller fédéral (1), parlant au nom du Gouvernement suisse comme chef du Département politique, disait au Conseil des Etats, — à cette haute assemblée, cette sorte de Sénat helvétique de quarante membres, gens d'âge, expérimentés, soucieux, non d'éloquence, mais de vérité : « Il est inexact de prétendre que les zones, comme telles, soient un héritage du passé, qui remonterait au traité de Saint-Julien en 1603... Dans les traités antérieurs aux *Actes* de 1815, on facilitait les rapports économiques entre Genève et le duché de Savoie; on donnait certaines garanties; on accordait même certaines exemptions douanières. Mais, encore une fois, avant les *Actes* de 1815, les zones, sous la forme de servitude imposée sur le sol étranger, n'ont jamais existé ».

(1) Je répète que, dans la Constitution helvétique, le Conseil fédéral est l'équivalent de notre Conseil des Ministres, et le Département politique, l'équivalent de notre Ministère des Affaires étrangères.

Telle était la conclusion que le Département politique de Berne avait tirée de l'étude consciencieuse et impartiale des documents.

L'historien genevois, M. Lucien Cramer, — l'éditeur de la *Correspondance* de Pictet de Rochemont, — disait déjà en sa *Question des Zones franches* (1919) :

> La liberté du commerce a formé, depuis trois siècles et demi, la base des relations économiques de Genève avec les princes de la Maison de Savoie... Il ne faudrait cependant pas conclure que les Genevois, admis à ce bénéfice de la liberté du commerce, aient profité également de la franchise des droits de douanes pour leurs échanges avec la Savoie... Jusqu'à la Révolution française, les échanges entre les deux pays ont été soumis au paiement des droits de douane; seuls, ont été *exemptés des contributions* les citoyens genevois qui possédaient des fonds en Savoie, pour le temps de leur séjour dans cette contrée.

Ce régime de liberté et d'exemptions eut plusieurs phases, conséquentes aux changements des relations politiques entre Genève et le duché. Jusqu'en 1540, le duc, considérant la ville épiscopale comme une dépendance de son comté du Genevois, ne lui ménageait pas les privilèges de longue ou de courte durée en ses autres Etats, — en *tous* ses Etats, et non pas en ce seul comté, ni en son seul duché : il voulait acquérir ou maintenir la fidélité de cette vassale.

Quand la ville épiscopale eut rompu avec Rome et avec le duc « papiste », la politique savoyarde fut fondée durant deux siècles (1536-1754) sur l'antithèse exacte des prétentions genevoises d'aujourd'hui. « Capitale géographique et économique » du Genevois savoyard, du Pays de Gex, de tout le bassin occidental du Léman, Genève revendique le territoire entre le Jura et le Salève, en posant l'axiome : « Le territoire suit la ville et le marché ». Souverain ou suzerain de toutes les terres entre les Alpes et le Jura, le duc revendiquait la cathédrale, la forteresse et le marché, dont ses sujets ne pouvaient plus user librement : « La ville et le marché suivent le territoire », pensait-il. La morale de l'Ancien Régime pouvait choisir entre ces deux solutions, dont ni l'une ni l'autre ne tenait compte des peuples et de leur volonté. La morale, que fit triompher la Révolution française, exige le libre consentement des citoyens dont un traité dispose : « Ville, marché et territoire suivent, chacun, son peuple. »

Quel *tolle* soulèverait dans la Suisse entière l'impérialisme français, si, demain, nous invoquions tel Mémoire du XVIe siècle, touchant les *Droits et Prétentions des Ducs de Savoie sur la Cité de Genève et Dépendances!* « La raison de nature porte que les divisions des provinces et pays se doivent faire par monts, fleuves et aultres termes immuables; or, qu'il soit ainsi que Genève est, de toute ancienneté, de Savoye où estoient les Allobroges, le témoigne ce grand César en ses *Commentayres* en tels mots : *extremum oppidum Allobrogum, proximumque Helvetiorum finibus...* »

Après les trente-quatre années de luttes (1536-1570), qui suivirent la « révolte » des Genevois et la proclamation de leur indépendance politique et religieuse, le duc leur accorda, avec une trêve militaire de vingt-trois ans, un « mode de vivre » qui maintenait la liberté et la sécurité des « commerces, traffiques et négotiations » pour les vivres « servants à la nourriture et entretènement de l'état humain ». Le duc ne reconnaissait aucunement l'indépendance de ces rebelles; mais il avait tout intérêt à ménager la clientèle de ces citadins pour ses paysans et, pour lui-même, le retour, — qui sait ? — de ces brebis égarées; il leur octroyait donc certaines exemptions, mais durant onze années seulement.

En 1603, après quatorze années de guerre ouverte, puis interrompue et de trêves ou de paix boiteuses (1589-1603), le traité de Saint-Julien (1603) était conclu dans l'esprit que nous connaissons par la réponse du duc quand le roi de France plaidait pour les exemptions des Genevois : « Ils ont brisé les liens de respect et d'obéissance qui leur ont valu autrefois ces privilèges ». Le duc leur maintenait pourtant la liberté du commerce et trafic dans tous ses Etats et certaines exemptions fiscales ou exonérations douanières, pour les mêmes raisons qui décidaient Henri IV au sujet du Pays de Gex : ses sujets fidèles et lui-même avaient tout profit à laisser leurs routes ouvertes au transit italo-genevois et plus d'intérêt encore à conserver la fourniture de Genève en approvisionnements; refusée par eux, elle aurait passé tout entière au concurrent qu'ils avaient désormais dans le roi de France et ses nouveaux sujets du Pays de Gex. A plus forte raison, cette concurrence du roi engageait-elle le duc à maintenir, vaille que vaille, entre ses Etats actuels et leurs dépendances d'autrefois, une sorte d'union fiscale et douanière, qui pourrait quelque jour ramener l'union politique; le duc espérait, malgré tout, la restauration de ses droits : il n'avait toujours pas reconnu l'indépendance de Genève au traité de Saint-Julien.

Mais, au traité de Turin, en 1754, le duc, comme le roi de France en son traité de 1749, reconnaît la souveraineté genevoise dans les limites d'un Etat indépendant; il déclare alors ne maintenir l'exemption de douanes que comme une grâce bénévole, en octroi temporaire, en souvenir et en suite du traité de Saint-Julien, mais non pas en confirmation de ce traité, en stipulation contractuelle : cette grâce ancienne est de nouveau réduite à son bon plaisir.

On voit qu'ici encore, ce régime de franchises octroyées n'eut jamais rien de commun avec la tyrannie obligatoire du système zonier. La zone sarde, comme la zone gessienne, est née après Waterloo, — disait M. Motta, en appelant sur ces mots l'attention du Sénat helvétique; — elle est sortie, elle aussi, du droit de guerre et, elle aussi, d'une autre allégation fausse, — on peut dire ici : d'un autre mensonge conscient et organisé, — de Pictet de Rochemont.

Il était dans les habitudes de ce « stratégiste » d'employer feintes, ruses, changements et oublis de parole et directions d'intention. Veut-on quelques aveux de sa propre plume ?

J'ai dit plus haut (p. 51) comment, à peine libérée du joug napoléonien, la Genève de 1814 avait, par ses lois éventuelles, décidé de traiter en ilotes grégaires, en « nouveaux Genevois », les paysans de France et de Savoie, dont elle réclamait l' « agrégation ». Elle n'en avait obtenu les premiers territoires au Congrès de Vienne qu'avec l'obligation, imposée par les Puissances, d'assimiler « les nouveaux agrégés aux anciens citoyens, en effaçant la distinction d'origine ». Mais, le lendemain de Waterloo, Pictet de Rochemont, en son *Mémoire* du 16 juillet 1815, disait à ses Genevois : « L'Acte du Congrès ne saurait porter atteinte aux droits du Souverain de changer ou modifier ses lois, pour les adapter aux circonstances et au plus grand bien de l'Etat ». Or, il était un moyen honnête et juridique de tourner l'obligation du traité : on admettrait au Conseil Souverain de Genève les représentants que les communes ci-devant savoyardes éliraient suivant les lois égalitaires; puis ils « concourraient à la confection de lois nouvelles qui régleraient pour l'avenir un autre mode d'élection et d'autres principes d'éligibilité » :

S'il résulte de ces lois nouvelles que, pour le plus grand bien de la République, l'influence de la ville, dans les élections, soit plus forte que celle des campagnes; si ces lois prennent des précautions salutaires contre les intrigues qui pourraient compromettre le salut de l'Etat, les nouveaux agrégés pourront bien avoir perdu quelque chose de ce qu'aujourd'hui ils estiment leurs droits; mais ils n'auront pas lieu de se plaindre, puisque le concours de leurs représentants, légalement élus, aura fait de cette loi nouvelle leur propre ouvrage. Or c'est là tout ce que le traité a pu leur promettre, en les assimilant aux anciens Genevois pour le droit d'élire et d'être élus...

Pour parler français : dans une assemblée élue suivant les stipulations du traité, une majorité d'anciens Genevois ferait voter des lois contraires aux droits que le traité assurait aux nouveaux agrégés; mais la seule présence de la minorité, même opposante, qui représenterait ces derniers en ce Conseil Souverain, témoignerait de l'honnêteté genevoise et de son respect héréditaire des contrats.

Genève n'osa pas mettre en pratique ce beau conseil de Pictet. Mais sur un autre point, la ruse (j'emploie l'euphémisme) du même Pictet lui fut d'un très grand profit, aux dépens de ses Confédérés : c'est grâce à lui que Genève put faire revivre ses anciens droits de transit sur toutes les marchandises acheminées de l'Italie vers le reste de la Suisse et l'Allemagne; dans l'état commercial et industriel de l'Europe d'alors, on pouvait en escompter d'assez gros revenus; les routes napoléoniennes avaient fait de Genève un carrefour de transports, de charrois, de postes et de voyageurs. Le prévoyant Pictet avait cherché dans toutes ses négociations, il trouva dans le traité de Turin les moyens de maintenir à sa ville ce rôle profitable dans les communications européennes. Dès le Congrès de Vienne, il avait fait agréer un projet de protocole au sujet des routes (14 mars 1815) :

Article V. — En réciprocité de la communication que S. M. sarde accorderait par la route du Simplon, il serait également accordé une exemption de tout droit de transit à toutes les marchandises, denrées, etc., qui, en venant des Etats de S. M., traverseraient la route du Simplon dans toute son étendue, par le Valais et l'Etat de Genève. Il serait entendu, de part et d'autre, que cette exemption ne regarderait que le transit et ne s'étendrait pas aux droits établis pour le maintien de la route, ni aux marchandises destinées à être vendues ou consommées à l'intérieur.

Cette route napoléonienne du Simplon était alors la grande voie et presque la seule voie carrossable entre les grands ports de la Méditerranée orientale et la Suisse, puis l'Allemagne, comme entre l'Europe occidentale et Milan, puis Venise, la Dalmatie, l'Empire ottoman et même les marchés du Levant.

Une déclaration sarde du 26 mars 1815 avait promis la franchise aux transitaires de Genève qui tenaient le carrefour de ces deux directions. En donnant « l'attache de la Confédération » aux négociations de Turin, qui devaient achever le contrat, le Directoire fédéral avait ajouté en ses *Instructions* à Pictet (27 décembre 1815) : « La compétence de négocier sur cet objet appartient aux cantons du Valais et de Genève. Mais M. Pictet, ayant à cœur de rendre sa mission utile à toute la Suisse, interposera ses meilleurs offices pour obtenir, en faveur des marchandises de notre pays qui transitent en Piémont, une diminution considérable des droits ».

A Turin, Pictet fit valoir « l'importance qu'il y avait pour la Savoie à modérer les droits de transit sur toutes ses routes, de peur que le commerce de Marseille avec la Suisse et l'Allemagne, qui se faisait autrefois par Chambéry et qui aujourd'hui allait à Lyon, ne se détournât tout à fait ». Il trouva des Ministres qui avaient eux-mêmes « observé les avantages du roulage à Verceil, quand les cotons y passaient en grande masse » et qui « raisonnaient la chose, comme aurait fait un de nos négociants », ajoute-t-il.

L'article V du traité de Turin concéda définitivement à Genève, non seulement la franchise, mais encore une sorte de monopole sur la route du Simplon.

Dans son *Rapport* du 17 mars 1816 au Directoire fédéral, Pictet exposait les avantages certains et les conséquences possibles de cette combinaison transitaire.

Les avantages certains et immédiats étaient pour Genève. Mais l'avenir prochain réservait une part aussi grande au reste de la Suisse et principalement à Bâle : « On peut espérer que le principe, une fois appliqué à l'une des grandes routes, le sera bientôt aux autres. La Suisse alors pourra espérer d'être traversée par les marchandises des ports de Gênes et de Marseille et de voir la ville de Bâle devenir l'entrepôt de la partie de l'Allemagne, que sa position la met à même d'approvisionner ».

Ainsi parlait Pictet à ses Confédérés, en un texte officiel et destiné à la publication. Mais, avec ses concitoyens, il avait été plus libre en sa lettre particulière du 17 février :

Les droits de transit dans tous les Etats du roi sont réduits des cinq sixièmes. Cela me semble une grande nouvelle pour notre commerce, qui va reprendre le roulage venant de Marseille par Grenoble, Chambéry et notre ville, puisqu'il y a gain de deux jours par cette route. Comme l'abolition du droit de transit en Valais, pour les marchandises venant de Gênes, va attirer sur cette route un grand mouvement de roulage, Genève se trouvera au point d'intersection d'une des routes commerciales de Gênes en France et de celle de Marseille en Suisse et en Allemagne.

Pictet n'avait même pas craint, — en cette lettre privée et qu'il croyait sans doute ne devoir jamais être livrée au public, — d'avouer tous ses espoirs : « Par la route du Mont-Cenis, nous aurons de plus ce qui aurait passé par Vevey pour la Suisse et l'Allemagne, et *nous l'aurons sans être tenus de donner la franchise de transit,* attendu que cette franchise ne concerne que les marchandises descendant chez nous par le Simplon, chose que j'explique bien dans mon projet de traité ».

Dès le mois de février 1816, le négociateur de Genève comptait donc voir rétablir cette taxe de transit, dont il réservait, mais *in petto,* la faculté à ses concitoyens.

En toute droiture et équité, ce calcul était contraire à l'esprit du traité, comme aux termes mêmes du *Rapport,* que Pictet en faisait au Directoire fédéral.

Le traité établissait la franchise de la route piémontaise, en partant du « port franc » de Gênes pour passer au marché de Genève, qui était alors pleinement franc : franchise à l'entrepôt de départ et franchise à l'entrepôt d'étape étaient apparues comme solidaires aux négociateurs sardes. Pictet, d'autre part, promettait à ses Confédérés que « le principe, une fois appliqué à l'une des grandes routes, le serait bientôt à d'autres » et que « la Suisse étant traversée par les marchandises des ports de Gênes et de Marseille, la ville de Bâle deviendrait l'entrepôt » méditerranéen vers l'Allemagne. Il s'était bien gardé de dire que Genève, par sa taxe de transit, pourrait couper la franchise de ces routes entre Gênes ou Marseille et Bâle.

En ces conditions, on ne saurait s'étonner que, par la suite, ni la France, ni le Piémont n'ait fait de grandes représentations contre l'établissement de cette taxe : Genève, en somme, l'imposait surtout à ses Confédérés; elle soulageait ses finances délabrées par un prélèvement qui retombait tout entier sur leurs achats, en particulier sur les bénéfices de Bâle, entrepôt dernier de la Méditerranée vers l'Allemagne.

Troisième exemple. Pour appuyer ou excuser ses multiples exigences, Pictet avait inventé une « tarte à la crême » qu'il servit dans tous les Congrès, en toutes occasions, un jour pour obtenir Versoix, le lendemain pour le reculement des douanes, puis pour les rectifications de frontière ou la Vallée des Dappes : c'était « la perte de Mulhouse », cette ville « suisse », que la France avait enlevée à la Suisse en 1798 : « Si le bailliage de Gex devient une partie du canton de Genève, il est à désirer que la cession en soit faite à la Suisse et à Genève en compensation expresse et spéciale de Mulhouse, ainsi que des sommes avancées à Henri IV par les Genevois et qui n'ont pas été remboursées », écrivait Pictet à Wessenberg dès le 22 mai 1814. « *Comme il nous importe d'adoucir le mécontentement de la France par rapport au démembrement du Pays de Gex,* il serait à désirer que cette cession pût être stipulée comme un équivalent de l'abandon de Mulhouse, laquelle ville avec son territoire, d'après les principes de la Déclaration des Puissances, devait être restituée à la Suisse et cependant n'a pas été mentionnée dans les *Actes* du Congrès, comme faisant un objet de compensation », faisait dire Pictet au Conseil de Genève en ses *Instructions* pour le second Congrès de Paris (5 août 1815).

C'était, comme on voit, une simple manœuvre pour masquer un peu le « droit de guerre » et l'arrachement à la France d'un morceau de son territoire ou de sa souveraineté. Les Puissances refusèrent toujours ce rappel de Mulhouse : même quand elles ramenèrent la France à ses limites de 1790, elles déclarèrent que toutes les enclaves intérieures lui seraient laissées, Mulhouse, Montbéliard, Avignon et Comtat Venaissin.

Mulhouse avait été une alliée des cantons protestants jusqu'en 1798; son Grand Conseil avait alors voté la réunion à la France par 97 voix contre 5; la Bourgeoisie, de même, par 591 voix contre 15. Aucune protestation de sa part ne s'était élevée depuis; si la Confédération avait, en 1814-

1815, le droit de réclamer le territoire de cette ancienne alliée, combien la France aurait eu plus de droits sur son ancienne « protégée » de Genève! L'invention de Pictet a néanmoins porté ses fruits: au long du XIXe siècle, le Conseil fédéral a continué d'invoquer en toutes occasions cette « tarte à la crême », dont le plaideur genevois n'a pas craint de faire usage, — nous connaissons désormais sa manière, — dans sa *Réplique* devant la Cour de La Haye (p. 55). A l'entendre, c'est en compensation de Mulhouse que le Pays de Gex aurait été livré à la servitude genevoise : « Le traité de 1815, — dit-il, — prenant pour bases les limites de l'ancienne France, Mulhouse aurait dû rester en dehors du territoire français; faisant sur ce point une exception au profit de la France, les Alliés étaient fondés à réclamer une compensation territoriale, *notamment dans le Pays de Gex,* au profit de la Suisse. *C'est sous la forme d'une zone franche,* et non sous celle de cession de territoire, *que le traité a tenu compte de ce droit à cette compensation* ».

Il n'est pas un seul mot, dans ces sept lignes, qui ne soit contraire à la vérité historique ou que puisse, même apparemment, légitimer un seul terme, une seule allusion des protocoles, *Actes* ou traités de 1815.

Le régime, que Louis XVI avait concédé à ses sujets de Gex en 1776, était le modèle que Pictet voulait imposer à tous les voisins de la Suisse sur le front français et savoyard.

Louis XVI, ému par la supplique éloquente et la misère réelle de ses Gessiens, avait « cru qu'il était digne de Notre bonté de venir à leur secours par la suppression tant des droits de traites, qui sont établis sur les marchandises qui entrent dans le dit Pays ou qui en sortent pour passer à l'étranger, que du privilège de la vente à Notre profit du sel et du tabac, à la charge, néanmoins, de l'indemnité qui sera due, à Nous ou à l'adjudicataire de Nos fermes, pour raison de ces suppressions ». Cette indemnité annuelle était l' « abonnement » de trente mille livres, dont j'ai parlé plus haut. Il était donc ordonné qu'à l'avenir, le dit Pays de Gex fût réputé « pays étranger ».

Il s'ensuivait que, dans l'intérêt des Gessiens, tous bureaux de douanes, traites et autres étaient supprimés entre Genève et le Pays de Gex, mais que, dans l'intérêt du Souverain, était établi, entre ce « pays étranger » et le reste du royaume, « tel nombre de bureaux que l'adjudicataire de Nos fermes jugera nécessaire pour la perception des dits droits d'entrée et de sortie ». L'intérêt des Genevois n'était point partie en cette décision de politique intérieure : ni de près, ni de loin, ils n'y avaient été mêlés ou, seulement, allégués et, d'un seul mot, mis en cause.

C'est ce statut gessien, supprimé de 1798 à 1814 entre les deux départements français de l'Ain et du Léman, qu'en 1814-1815, Genève redevenue indépendante jugeait bon de faire rétablir par les Souverains alliés, — non plus par le roi de France, — dans son seul intérêt, à elle, « pour les nécessités de sa subsistance ».

C'est ce statut que Pictet « voulait » (ainsi parlait-il) étendre d'abord sur toute la lisière du territoire français entre Rhin et Rhône, puis, par la demande d'une nouvelle extension aux dépens de la Savoie, poursuivre le long du lac, entre le Rhône genevois et le Rhône valaisan. Il alléguait dans sa *Note* du 10 octobre 1815 une fort honnête raison :

> Pour *faciliter réciproquement* la vente des produits agricoles et les relations d'échanges, il est convenu que les douanes françaises seront établies à l'occident du Jura, le long du Doubs et parallèlement à la frontière de l'ancien évêché de Bâle et du canton de ce nom, de manière à laisser une zone, de la largeur d'une lieue au moins, libre de tout poste et de tout service de douane, sur la frontière de France voisine de la Suisse.

Il avait déjà allégué cette « facilité réciproque » dans une conversation du 8 octobre avec Richelieu en « observant » que l'avantage serait réciproque pour les communes-frontières, que cela favoriserait le commerce des denrées, de la liberté duquel il connaissait Richelieu « très partisan »...

Mais, pour cette « facilité réciproque », il fallait, — disait-il, — reculer la douane française, l'enlever de toute la frontière, puisque, — à son dire, — la Suisse, plus « libérale », n'avait aucune douane. Il vantait devant chacun des plénipotentiaires, qu'il visitait un par un, mais devant les Anglais, surtout, ce respect de la Suisse pour les « principes libéraux » et pour la « partie égale ». Il écrivait le 18 octobre 1815 au président de la Diète :

Hier, Castlereagh m'écouta fort bien sur la grande importance qu'il y avait pour la Suisse d'écarter les douanes sur toutes ses frontières. J'invoquai les principes libéraux; je fis valoir la disparité des positions : *point de douanes d'un côté*, et les douanes les plus vexatoires de l'autre; je rappelai l'exemple du Pays de Gex, qui a été trente ans sous le régime de l'abonnement libre, que je voulais étendre à toute la *zone* et que les gens dudit Pays de Gex regrettent encore. Je dis que ce bienfait vaudrait mieux que le don d'une province et que j'espérais le voir étendre à la frontière sarde.

Pictet invoquait l'exemple ancien de Gex; mais il empruntait l'épithète « vexatoire » à la *Note* genevoise du 29 septembre précédent, touchant les douanes sardes.

Le lendemain, en des termes presque identiques, il avertissait ses Genevois :

Avant-hier, j'eus une audience de Castlereagh. Celui-ci m'écouta avec attention sur la grande convenance qu'il y avait pour la Suisse à écarter les douanes... Je lui faisais remarquer que la *partie n'était pas égale entre la Suisse et la France, que la première n'avait pas de douanes et que la seconde en avait de très vexatoires, ainsi que le Piémont*, dont j'eus soin de caractériser fortement la législation commerciale. Je rappelais que la Suisse avait renoncé à toute idée d'extension et que c'était bien le moins que, pour prix de sa conduite, elle obtînt une chose qui *vaudrait mieux que l'acquisition d'une province* et qui, loin de coûter à la France, lui serait avantageuse.

De Castlereagh, Pictet passait à Wessenberg, à Humboldt, à Capo d'Istria; il leur donnait « de bouche » les mêmes arguments : sa correspondance d'octobre 1815 nous le montre occupé à ces visites, qui se répètent, et à ces « leçons » qui se renouvellent. Il les fait oralement. Il les fait par écrit. Il remet des « rédactions » où il « insiste à trois ou quatre reprises sur les douanes », comme sur un bienfait plus réel et plus solide que les dons de territoire ».

« A force de répéter les mêmes choses tous les jours à Capo d'Istria et à Wessenberg » (25 octobre) il obtient que les Quatre « prononceront le principe de l'éloignement des douanes ». Il a fait lui-même « la rédaction » du protocole et insisté, encore une fois sur « la barbarie et l'ignorance des principes, comme de l'exécution », qui caractérisent les douanes des voisins. Il ajoute qu'en ce protocole, « il n'est pas question de réciprocité : je n'irai pas lever ce lièvre... ». Il n'oubliait sans doute pas, mais il espérait faire oublier à ses interlocuteurs ou lecteurs le principe fondamental de sa propre *Note* du 10 octobre 1815, — juste deux semaines auparavant, — : « Pour faciliter réciproquement... ».

C'est sur sa rédaction, — pense-t-il le 30 octobre, — que l'on va signer. Pour enlever les dernières incertitudes, il « lâche une espèce de circulaire à Castlereagh, Humboldt et Wessenberg », et chapitre encore de vive voix Capo d'Istria. En cette circulaire, il « rappelle tous les motifs énumérés de bouche à diverses reprises et, surtout, les réponses à faire aux principales objections de Richelieu »...

Mais le ministre français des Finances refuse le reculement de ses douanes tout au long de la frontière : pressé de toutes parts, il ne veut reculer que sur le front de Gex. Malgré l'insistance des Puissances, malgré les intrigues de certains Français, trop ardemment dévoués aux intérêts de Genève (1), le duc de Richelieu ne veut pas non plus reculer davantage : au traité du 20 novembre, « les négociateurs des Puissances, dit Pictet en son *Rapport* final à la Diète, — désespérant d'emporter le point relatif aux douanes sur toute la frontière de la Suisse, se réduisirent à accepter l'offre d'en affranchir le Pays de Gex, le long duquel la muraille du Jura marque la limite, de façon à faciliter le service ».

Or, à l'heure même où Pictet tenait et répétait ce langage et où les Puissances l'écoutaient, au nom des principes libéraux, et le suivaient, décidées par cette absence de douane suisse et genevoise, Genève et la Confédération avaient déjà rétabli ou achevaient de rétablir leurs tarifs et bureaux douaniers.

(1) Un député français, ancien sénateur impérial de Genève française, M. Girod (de l'Ain), qui accablait Pictet de lettres et de visites (Pictet à Turrettini 8 et 21 novembre 1815), lui procura un *Mémoire*, daté de 1758, relatif au pays de Gex, lequel mémoire démontrait qu'il y avait « avantage pour le Trésor, pour les habitants, pour les voisins et, par conséquent, pour la bonne harmonie, dans le reculement des douanes ».

Pictet ne pouvait ignorer les décisions ni de ses concitoyens ni de ses confédérés. Il était en correspondance, à ce sujet, avec les uns et les autres, et semblait avoir quelque gêne à leur avouer ses affirmations audacieuses. Il écrivait le 28 octobre à Turrettini, le secrétaire d'Etat genevois : « J'ai été au cercle de Richelieu... J'ai fait valoir l'avantage de conserver la bonne intelligence, les raisons d'équité pour ne pas étrangler de *douanes une nation qui n'en a point* (c'est façon de parler)... »

C'était « façon de parler » en effet. Nous ne savons pas si le président de la Diète helvétique et le secrétaire du Conseil d'Etat genevois, en leurs lettres qui n'ont pas été publiées, donnaient à Pictet des encouragements et leur approbation.

Mais la Diète, dans ses *Instructions*, avait mis en son programme l'acquisition d'une partie du Pays de Gex et « la neutralisation du reste avec la clause que la ligne des douanes françaises serait transportée au delà du Jura », sur toute la frontière franco-suisse : c'était le « grand ouvrage » que Pictet essaya d'abord de réaliser. Au cas où l'on n'obtiendrait pas d'acquisition territoriale, les *Instructions* recommandaient « d'insister avec d'autant plus de force sur la neutralité du Pays de Gex et l'éloignement des douanes ».

Jusqu'au milieu de septembre 1815, Pictet avait poursuivi ce grand ouvrage. Mais il annonçait, le 26 septembre, y avoir renoncé et se rabattre sur le « système réduit ». Le Président l'avait approuvé : des « acquisitions marquantes » sur les frontières occidentales effrayaient quelque peu ce sage Zurichois; il voulait que la Suisse « se bornât à ce qui était absolument nécessaire et indispensable pour sa sûreté »... Abandonnant ainsi le recul des frontières, comment aurait-il pu déconseiller à Pictet de ne pas « insister d'autant plus fort » sur le reculement des douanes? Approuvait-il, néanmoins, les dires de son négociateur, alors que le rétablissement des douanes suisses venait d'être ordonné et par la Confédération et par Genève elle-même?

Durant les siècles antérieurs, la liberté du commerce, qui n'en entraînait pas la franchise, n'avait pas empêché l'établissement de droits, taxes et péages et de bureaux de perception, sur le territoire genevois, comme chez ses voisins de Suisse et du dehors. La Genève de Calvin avait hérité de ses évêques nombre de taxes et péages à la mode féodale, qu'elle avait augmentés et régularisés au long du XVIIe et XVIIIe siècles. Mais ses douanes à la moderne n'avaient été établies qu'en 1796, après et d'après l'organisation française de 1790 qui, supprimant nos « pays étrangers » et les cinq Grandes Fermes, mettait tout le royaume sous un seul et même tarif, derrière un cordon continu, qui longeait toutes nos frontières, y compris la frontière franco-genevoise.

L'Edit genevois du 7 avril 1796, « sur les contributions publiques », — la « loi sur la douane », vont nous dire les textes officiels de 1816, — prescrivait que toutes les marchandises importées dans la République par les citoyens, comme par les étrangers seraient astreintes au paiement de droits d'entrée, conformément au tarif établi par le Conseil législatif. Ce tarif assez élevé variait du 1/2 à 1 1/2 % de la valeur des marchandises et frappait de droits doubles les marchandises appartenant à des étrangers. Ce régime ne dura que deux ans : en juin 1798, Genève, incorporée à la France, perdait ses douanes, pour être englobée dans les douanes françaises. Mais en 1814-1815, du fait de sa demande d'entrée dans la Confédération, le rétablissement de sa douane lui serait devenu une nécessité, alors même qu'elle n'en eût pas d'avance escompté le profit.

Le Pacte fédéral du 7 avril 1815 stipulait en son article III que la caisse militaire fédérale serait alimentée par un droit d'entrée sur les marchandises qui ne constituent pas des objets de première nécessité. Ces taxes seraient prélevées par les cantons-frontières, tenus de rendre chaque année leurs comptes à la Diète.

De son côté la République de Genève, aussitôt restaurée, s'était souvenue de ses douanes, comme de l'une de ses meilleures sources de revenus; un *Rapport* de Sismondi au Conseil représentatif en chiffrait ainsi la moyenne annuelle :

de 1745 à 1782	*environ*	153.000	florins
de 1783 à 1784	(*tarif augmenté*)	191.373	—
en 1789	—	172.851	—
en 1790	—	167.882	—

Les autres cantons ont déjà des douanes cantonales, — ajoutait le rapporteur genevois, — qui font souvent la partie la plus essentielle de leur revenu. Celle du canton de Vaud rend 120.000 francs de Suisse, et il y a quelque importance politique à ce que la haute Diète, lorsqu'elle s'occupera d'une douane helvétique, trouve la nôtre en activité.

Le Pacte fédéral, qui instituait les douanes aux frontières de la Confédération et qui obligeait les cantons à en percevoir les taxes par leurs bureaux particuliers, devint définitif le 7 août 1815. L'ancienne république de Genève était un canton désormais et ses députés siégeaient à la Diète en ce mois d'août 1815; choisi comme négociateur fédéral au second Congrès de Paris, Pictet avait (11-16 août) séjourné à Zurich, où siégeait la Diète et où le Pacte fédéral venait d'être définitivement promulgué; il « avait su tous les détails de ce qui se passait à la Diète »; il avait eu un long entretien avec l'ambassadeur anglais, Canning, frère de Castlereagh, et « raisonné avec lui sur les moyens d'avoir un revenu fédéral suffisant et de monter peu à peu le système helvétique militaire sur un pied qui rendît la Suisse vraiment indépendante ». Arrivé à Paris, vers la fin de ce même mois d'août, pouvait-il ignorer le Pacte définitif et l'existence constitutionnelle des douanes fédérales?

Pendant ce temps, Genève, qui, depuis dix mois, voulait que « la haute Diète, lorsqu'elle s'occuperait d'une douane helvétique, trouvât la sienne en activité », discutait publiquement et privément sa loi douanière de 1796, qu'elle rétablissait enfin le 4 novembre 1815, après un mois de débats dans les divers Conseils : « pour des raisons d'ordre pratique, — ajoute M. Lucien Cramer, — cette loi rétablie ne put être appliquée immédiatement; elle fut remplacée par la loi subséquente du 30 mai 1816 ».

Nous chercherons les « raisons d'ordre pratique », pour lesquelles l'application de la loi du 4 *novembre* 1815 fut retardée jusqu'au 30 *mai* et même jusqu'au 24 *août* 1816 : durant ces sept et dix mois, Pictet achevait d'abord de négocier et d'obtenir au second traité de Paris (20 novembre 1815) le reculement des douanes françaises, vu l'absence de douanes helvétiques et genevoises; il négociait ensuite le même reculement des douanes sardes que, pour la même raison de « principes libéraux » et de « facilités réciproques », il avait fait imposer par les Puissances au roi de Sardaigne.

En faveur de la véracité de Pictet, le plaideur genevois a invoqué devant la Cour de La Haye trois ou quatre arguments qu'il serait injuste de ne pas considérer.

I. — Le premier est que Pictet « n'a pas eu, avant le 30 octobre 1815, une connaissance exacte des projets genevois sur le rétablissement de la douane », car c'est le 30 octobre seulement qu'il recevait de Turrettini une lettre écrite le 24 et partie le 25 : « Turrettini indiquait à Pictet la possibilité de rétablir à Genève cet impôt, en même temps que l'existence de douanes dans plusieurs cantons et *l'interdiction faite par le Pacte fédéral à ces cantons d'établir de nouveaux péages* ».

Cité par le représentant le plus autorisé des prétentions genevoises, ce dernier membre de phrase est-il là pour faire entendre au lecteur de bonne foi ou même aux juges de La Haye que la « possibilité » des douanes genevoises pouvait encore être entravée, supprimée par cette interdiction de ce même Pacte, qui faisait aux cantons-frontières l'obligation d'avoir une ligne douanière, afin de percevoir les droits fédéraux? Pictet aurait eu cette raison décisive de penser que les douanes genevoises pouvaient encore ne pas exister.

« L'arrivée de cette lettre à Paris, — ajoute notre plaideur genevois, — se place *après* les conversations successives que Pictet a eues au sujet du recul des douanes françaises avec le duc de Richelieu, lord Castlereagh et Metternich »... Pourquoi oublier Wessenberg et Capo d'Istria? et pourquoi ne parler que des conversations de Pictet en feignant d'en ignorer les écrits?

Est-il vraisemblable que ce « stratégiste », préoccupé d'assurer et d'augmenter les revenus de la caisse militaire fédérale (16 octobre 1815), ait attendu le mois de novembre 1815 pour connaître les projets genevois qui remontaient à 1814 et dont la formule définitive, imprimée, était présentée au Conseil souverain de la République et répandue parmi les citoyens, le 18 octobre 1815? Si l'on pouvait penser qu'ignorant ces imprimés, il n'avait connu les projets que le 30 octobre, par cette lettre de Turrettini, en resterait-il moins que, le 31 octobre, il eût écrit au président de la Confédération : « *Ce matin,* pour ne rien négliger, j'ai écrit au long à Metternich, à Humboldt et à Castlereagh, sur l'objet important des douanes, en leur rappelant les arguments de Richelieu et les réponses à y faire au moment du débat définitif... », et que le 1er novembre, il eût écrit à Turrettini avec plus de confiance ?

Hier matin, je lâchai une espèce de circulaire à Castlereagh, Humboldt et Wessenberg; j'y rappelai *tous les motifs énumérés de bouche à plusieurs reprises* et surtout les réponses à faire aux principales objections de Richelieu. Je tâchai de parler à chacun sa langue... Il paraît que tout cela ensemble a fait bon effet, car ce matin Capo d'Istria m'a dit que Richelieu lui avait donné parole, *hier au soir,* pour [accepter] toute la rédaction de Wessenberg qui est, mot pour mot, la mienne...

Le 4 novembre, jour où les douanes genevoises sont rétablies, tous les protocoles sont achevés. Mais le même jour, Pictet doit encore faire « cinq lettres et cinq croquis contre l'absurdité de la rédaction qu'on allait signer »... C'est le 6 novembre seulement que le texte définitif est établi, une semaine après l'arrivée de la fameuse lettre de Turrettini, — laquelle n'était pas la première.

Car Turrettini avait écrit à Pictet le 20-21 octobre une première lettre, qui était donc arrivée le 27. « Turrettini, — dit notre plaideur genevois, — n'y parlait que très vaguement du rétablissement de la douane genevoise ». La vérité est que toute la lettre roulait sur l'existence et l'emplacement de cette douane. Turrettini connaissait le motif des « facilités réciproques », dont Pictet avait paré sa demande sur le recul des douanes françaises au delà d'une zone libre. Il était inquiet du recul réciproque que les Puissanees pourraient imposer aux douanes genevoises :

Une idée qui s'élève bien naturellement sur la zone, à laquelle vous mettez tant de prix pour les douanes, c'est qu'on pourroit demander le réciproque, et, dans ce cas, que feroit la Suisse et, en particulier Genève, *qui s'est occupée ce matin du moyen de mettre en vigueur le règlement sur les douanes tel qu'il étoit* [en 1796] ?

Tous les Genevois, — et Pictet le premier, — savaient depuis longtemps que le Pacte fédéral obligeait les Cantons à rétablir leurs douanes; il ne s'agissait plus que de décider si Genève remettrait en vigueur les tarifs et règlements d'autrefois ou si l'on en promulguerait d'autres. Turrettini, après un jour de réflexions sur la grave hypothèse du « réciproque », écrivait à Pictet le 21 octobre :

Il me semble que, si une espèce de réciproque était requis, on pourroit stipuler que la douane seroit aux murs mêmes de Genève et pas au delà. *La chose étoit ainsi ci-devant* et, par conséquent, on auroit peu à se plaindre : *cela ne pourroit regarder que sa propre consommation.*

Donc, si l'on obtient le recul des douanes françaises derrière une zone voisine de Genève et si les Puissances, — comme il semble juste pour établir les « facilités réciproques », alléguées par Pictet, — demandent le recul réciproque des douanes genevoises, Turrettini pense qu'il sera juste d'acquiescer à cette demande, pourvu que la zone genevoise, en face de la zone gessienne, ne comprenne que le territoire du canton jusqu'aux murs de la ville, mais non pas la ville elle-même. C'est ainsi qu'il en était sous l'Ancien Régime : les Français et leurs zoniers n'auront rien à redire, et les Genevois que peu à se plaindre; on n'aura, en somme, qu'un octroi urbain sur la consommation.

II. — « Les arguments tirés par Pictet de l'absence des douanes fédérales n'ont provoqué aucun effet, puisqu'ils ont été formulés en vue d'obtenir la zone franche de Bâle à Genève et que cette zone franche n'a point été obtenue. Le recul des douanes au Jura dans le Pays de Gex a été obtenu de tout autre motif, grâce au précédent de 1776-1790 ». Tel est le second argument du plaideur genevois.

Il ne serait valable et loyal que si deux négociations successives, — qui n'ont pas eu lieu, — avaient été tenues pour deux zones franches, l'une sur toute la frontière franco-suisse, de Bâle à Genève, l'autre sur la seule frontière franco-genevoise. Les arguments de Pictet ont plaidé d'un bout à l'autre pour une zone franco-suisse, mais ne lui ont gagné qu'une zone franco-genevoise, pour laquelle le « précédent » de 1776-1790 a été si peu rétabli que l'on n'a pas songé à la « zone réciproque comme ci-devant », que redoutait Turrettini.

Et notre Genevois semble ignorer ou vouloir cacher que la contre-vérité de Pictet sur les douanes suisses a été d'une influence décisive sur le recul de la ligne savoyarde. Pictet a invoqué l'iniquité et la tyrannie des douanes piémontaises, surtout, en face de la liberté helvétique et genevoise : « A force de répéter les mêmes choses tous les jours à Capo d'Istria et à Wessenberg, — écrit Pictet le 25 octobre, — j'ai obtenu que les Quatre prononceraient le principe du désenclavement de Jussey et de l'éloignement des douanes (sardes) ». Metternich aurait voulu laisser les affaires de Savoie à part, « pour pouvoir mieux disposer des choses avec le Piémont, son vassal ». — « J'ai demandé que l'affaire des douanes fût expédiée avant la fin de novembre. J'ai insisté sur la barbarie et l'ignorance des principes comme de l'exécution... ». Pictet est allé trouver Metternich en personne (28 octobre). Metternich « a fait chorus sur la sottise du Piémont et sur leur législation des douanes, sur les inconvénients de ce voisin... Il a promis de mettre un terme aux tergiversations du Piémont »...

Si l'on voulait néanmoins répartir entre les dires de Pictet le mérite de ses deux réussites, on pourrait dire que son non-paiement des dettes d'Henri IV a servi surtout pour obtenir la zone et l'annexion gessiennes, et son absence de douanes, pour obtenir la zone savoyarde.

III. — « Les négociations de la Suisse et de Genève avec la France et les Puissances se sont poursuivies sur la base du droit public, existant, de la Confédération et des cantons, lequel, bien connu des Puissances contractantes, *ne laissait aucun doute sur l'établissement et le fonctionnement de douanes et de péages à la frontière suisse* ».

Ce troisième argument peut, au moins, ne laisser aucun doute sur cette absence de douanes suisses et genevoises que Pictet alléguait aux plénipotentiaires des Puissances, « lesquelles, — ajoute notre Genevois, — n'ignoraient ni que le Pacte fédéral avait attribué les droits de douane aux revenus de la Confédération, ni que l'envoyé de la Suisse négociait sur la base du droit public issu dè ce Pacte ». Voilà le désaveu officiel, — mais après cent quinze ans, — du mensonge de cet envoyé. Il n'en reste pas moins qu'aux yeux de Genève, les Puissances ont été les vraies coupables, puisqu'elles ont accepté ce mensonge, alors que « la notification du Pacte fédéral leur avait été faite officiellement dès septembre 1814; la France, par le ministre du roi en Suisse, avait répondu le 21 octobre suivant ».

Le sophisme, ici encore, dépasse la mesure. Il n'est pas probable qu'à Paris, on savait, au lendemain de Waterloo et des deux années terribles 1814-1815, que le droit public existant de la Confédération allait installer des douanes aux frontières des cantons. Il n'est pas vrai qu'« on savait » qu'« il y en aurait », qu'il y en avait théoriquement déjà aux frontières de Genève. Comment la France, qui n'avait plus de représentant à Genève, aurait-elle connu les lois les plus récentes de la République et ses nouveaux projets? et comment aurait-on cru devoir mettre en doute les déclarations officielles et répétées du représentant de Genève à Paris? A plus forte raison, comment les Quatre Alliés, à qui ces déclarations avaient été remises par écrit, auraient-ils pu et dû avoir l'idée de les contester?

Les plénipotentiaires ignoraient, sans aucun doute, en novembre 1815, avant la signature du second traité de Paris, ce vote de la loi douanière à Genève, qui mettait en pleine lumière la bonne foi de Pictet. S'ils n'avaient pas leur excuse dans la grandeur des autres intérêts qu'ils avaient à débattre, ils l'auraient encore dans la lenteur et la rareté des communications d'alors, même entre capitales, et, — sans vouloir blesser le juste orgueil des Magnifiques Seigneurs, — dans la place assez humble que tenait alors Genève parmi les royaumes, empires et principautés de ce monde : des anciennes seigneuries, ce n'était pas Genève qui accaparait l'attention, c'étaient Gênes et Venise, sacrifiées l'une à l'Autriche, l'autre à la Sardaigne.

Le Pacte fédéral de 1814 était provisoire : tous les cantons n'y avaient pas adhéré d'abord; puis nombre de questions avaient continué à diviser les Confédérés; il avait fallu l'intervention directe et énergique du Congrès de Vienne au printemps de 1815 pour les mettre d'accord. Le Pacte n'était devenu définitif que le 7 août 1815, et l'on ne voit pas que les Puissances en aient eu notification, ni les plénipotentiaires, connaissance avant la fin du second Congrès de Paris. Il ne semble pas douteux que ces derniers en ignoraient le contenu, — comme ils ignoraient à peu près tout de la Suisse. — Pictet avait constaté cette prodigieuse ignorance; il ne se faisait aucun scrupule et ne courait aucun risque à en jouer.

Dès le Congrès de Vienne, il avait découvert dans le savoir de ses amis d'Angleterre des abîmes qui lui donnaient le vertige : « Dieu garde que Castlereagh n'ait pas gâté les affaires! — disait Stackelberg à Pictet, le 23 décembre 1814. — Il en serait bien capable. On parle de l'ignorance des gens de la France : il la ferait oublier! A-t-on l'idée d'un homme dans une telle place, qui ne sait pas où est Leipzig? »

Stackelberg était injuste : cet Anglais avait le droit d'ignorer la bataille des Nations, où l'uniforme britannique n'avait pas figuré; il lui suffisait de connaître Waterloo, pour avoir pleine compétence, comme les Suisses plein droit, sur le démembrement de la France napoléonienne. Mais peut-être aurait-il pu consulter la carte des peuples et territoires, dont il disposait au gré de son ignorance. Quand Pictet avait essayé de remettre en cause la libre annexion de Mulhouse à la France, il en avait parlé au même Castlereagh (17 octobre 1815) : « J'ai découvert que, quoiqu'il eût lu l'article, il ne savait pas ce que c'était que Mulhouse... Il me demanda ce que c'était et où cette ville était située. J'aurais pu lui répondre : « Milord, c'était une république floris-
« sante et libre, qui, depuis trois cents ans, faisait
« partie de la Confédération, lorsque, en mai 1814,
« vous l'avez donnée à Talleyrand, sans même

« vous en apercevoir ». Mais comme toute vérité..., je répondis comme aurait pu faire l'écolier qu'on interroge sur la géographie. »

Pictet ajoutait : « Il faut être prêt à en entendre de tous les degrés de force, quand on est en contact avec les hommes qui disposent du sort des nations! Il faut être ferré à glace et préparé à tout. En parlant des divers évêchés sous le rapport des convenances de Genève, Castlereagh me demanda si nous avions un évêché en Suisse. J'eus l'air de regarder comme tout simple qu'un tel détail ne fût pas connu ailleurs qu'en Suisse. »

C'est dans ce même entretien du 17 octobre que, traitant avec le même Castlereagh « l'affaire de la Savoie française par rapport à nos limites de Suisse et aux douanes de ce côté-là », Pictet invoquait les principes et usages libéraux, tant de Genève que de la Confédération, en matière de douanes.

Le secrétaire de Castlereagh, Planta, était de même force. Un noble Savoyard, M. le comte de Viry, intriguait fort pour que lui-même et son château devinssent genevois dans la rectification des frontières et le dépècement des deux anciens départements français du Léman et du Mont-Blanc. Il croyait être sûr et n'avait pas « cessé d'écrire chez lui que la Savoie française resterait à la France; son auteur était Planta, le bras droit de Castlereagh. Il lui avait demandé si l'on parlait de quelques changements au Mont-Blanc; Planta, qui regarde cette montagne comme l'image de la stabilité, lui avait répondu que non »... L'autre bras de Castlereagh, Hamilton, disait au comte, pour lui prouver que l'amalgame se ferait bientôt entre la Savoie française et le Piémont : « Deux peuples limitrophes, qui ont eu le même souverain et qui parlent la même langue, sont bientôt réunis. »

Pictet concluait à la fin de cette lettre du 16 octobre : « Ils ne sont pas malins pour la connaissance du Continent ».

Pictet, qui parlait leur langue, ne leur ressemblait ni pour la malice, ni pour l'ignorance : dès le Congrès de Vienne il avait gagné leur confiance, grâce au concours de son collègue, Sir Francis d'Ivernois, un Genevois, qui, fuyant le régime français, avait vécu en Angleterre les années de l'Empire et qui n'était à leurs yeux qu'un noble sujet de S. M. britannique : Genève, en ces mêmes années, avait été la ville de la *Bibliothèque britannique* et le pilier de l'influence anglaise.

« Mylord, nous avons espéré en la protestation de l'Angleterre, avant celle de toutes les Puissances, pour nous qui sommes une ville tout anglaise », disait Pictet à Castlereagh, le 25 mai 1814, en lui rappelant que les ministres des Puissances Alliées avaient pris l'engagement « de nous donner un territoire convenable pour faire respecter la neutralité de la Suisse; la lettre des plénipotentiaires, datée de Zurich, le 1er mai, et adressée à notre gouvernement, a été publiée dans le *Journal de Paris* du 22. — Je n'en ai pas connaissance », répondait Castlereagh.

Les autres plénipotentiaires, le russe Capo d'Istria, qui s'était fait le champion des Genevois, l'autrichien Wessenberg, à cause des possessions ou intérêts de son maître sur les Alpes et dans la plaine lombarde, et le prussien Humboldt, à cause de la principauté de Neufchâtel rendue au Hohenzollern, étaient un peu moins ignorants des questions helvétiques et savoyardes. Mais ils n'avaient ni le temps ni le désir d'en étudier les changements ou le détail : ils avaient cent autres affaires de plus grosse importance à leur gré, sans parler des réceptions, dîners, audiences de souverains, intrigues de femmes, etc...

Ils avaient trouvé dans Pictet un homme qui semblait tout connaître ou, du moins, parlait de tout avec la même facilité verbale en trois et quatre langues, la même compétence apparente et la même assurance imperturbable.

Stratège, juriste, agronome, éleveur, marchand de moutons et de laine, administrateur, diplomate, il savait tous les métiers, était mêlé à toutes les entreprises et confiant en tous ses calculs ou avis : « Metternich m'a demandé combien j'avais de mérinos à Lancy, combien à Odessa; il m'a fait l'histoire d'une bergerie qu'il a établie dans le Banat, m'a demandé mille renseignements et détails et directions, qui ont paru l'intéresser plus que les affaires de l'Europe » (28 octobre).

Il n'arrivait chez ces paresseux et surmenés qu'avec un protocole ou un mémoire en tête ou en poche, une note ou une rédaction toute préparée, qu'ils n'avaient qu'à signer et présenter en leur nom et desquelles, toujours discret jusqu'au bout, il avait soin de leur laisser le mérite. Une objection ou une difficulté les embarrassait? Il demandait les pièces, les matériaux et, en une journée, une nuit, dressait un plaidoyer ou un réquisitoire qui faisait le plus grand honneur au signataire. Puis il revoyait le texte copié pour en écheniller méprises, négligences, maladresses et mauvaises intentions du scribe : « Je suis appris à savoir que le hasard, la légèreté, les vues étroites jouent un grand rôle dans ces choses-là ».

Il avait laissé à Wessenberg une carte des futures frontières de la Suisse, avec deux tracés : « Malgré mes explications répétées, Wessenberg semblait avoir pris l'un pour l'autre »... Il avait donné au même Wessenberg la rédaction définitive sur le sort du Pays de Gex, et les Quatre l'avaient acceptée: « Il sera cédé à la Confédération et annexé au canton de Genève la portion du Pays de Gex bornée par les [limites occidentales des] communes de Collex-Bossy, Moens et Meyrin... » Une « main maladroite ou méchante » sauta les mots qui sont ici entre crochets : « Ces communes seraient hors de Genève, au lieu d'être dans Genève... Je me suis mis à faire cinq lettres et cinq croquis pour faire ressortir l'absurdité de cette rédaction... Une de ces cinq lettres était pour Richelieu ».

IV. — Le duc de Richelieu était devenu premier ministre après la chute de Talleyrand (24 septembre). Durant son émigration à Odessa, dont il était le gouverneur russe, il avait connu Pictet et ses mérinos. Il avait pour lui la plus confiante amitié, née de cette ancienne camaraderie sur la terre étrangère. A sa première audience, il l'avait accueilli en lui défendant de l'appeler Monseigneur : « Ne vous moquez donc pas de moi! parlez-moi comme toujours! »

Il le recevait, l'écoutait, le consultait même et s'en servait parfois, lui aussi : « C'est un hasard tout providentiel, — écrivait, le 25 septembre, Pictet — que celui qui met aux relations extérieures un homme avec lequel j'ai d'anciennes relations et dont j'ai, depuis longtemps, obtenu la confiance ».

Le hasard et la Providence avaient, du jour au lendemain, élevé Richelieu à ce poste qu'il n'avait pas sollicité, qu'il avait même refusé d'abord et qu'il « avait été forcé d'accepter ». Le noble duc, après vingt-deux ans de Russie, ne connaissait assurément pas le Pacte fédéral et ses obligations douanières. — « Tout cela était nouveau pour lui », écrit Pictet au sujet des réclamations et créances de Genève. — Pouvait-il avoir des doutes ou faire des objections, quand « son ami » venait lui raconter (8 octobre) « l'histoire de l'abonnement de Gex avant 1789, l'avantage d'étendre cette mesure à toute la frontière jusqu'à Bâle, — *avantage réciproque pour les communes-frontières* », ou revenait lui faire valoir (28 octobre) « les raisons d'équité pour ne pas étrangler de douanes une nation qui n'en avait point ».

Pictet se flatte à plusieurs reprises d'avoir eu sur les décisions de Richelieu une influence déterminante : notre plaideur genevois en conclut, — quatrième argument, — que Pictet a obtenu la zone gessienne « avec l'adhésion complète du duc de Richelieu ».

L'adhésion pleinement libre et volontaire à une demande jugée équitable? ou la résignation désespérée à une signature jugée déshonorante, qu'arrachaient le rappel du « droit de guerre » et la menace des hostilités reprises?...

Talleyrand était tombé sous l'ultimatum du 19 septembre, dont les Quatre avaient fait à Pictet « une communication confidentielle et secrète »; Pictet avait répondu par une *Note* du 23 septembre, en rappelant « les services essentiels rendus par la Suisse » contre la France, « ceux que Genève, en particulier, avait rendus en tenant en échec l'armée française pendant que les armées autrichiennes opéraient le difficile passage du Valais ». Richelieu repousse l'ultimatum, « se défend fort et ferme », refuse de « débuter par un acte déshonorant » et ne cède pas à une première menace de rupture; il « a le cœur navré de mettre son attache à l'humiliation » qu'il ne peut empêcher : « Et vous aussi, vous nous dépouillez! », dit-il au représentant de la Suisse et de Genève. Il lutte cinq semaines en des conférences sans fin. Il se lève un jour « impatienté, prend son chapeau, en protestant qu'il ne consentira jamais à ce qu'on exigeait de lui; là-dessus, Wellington s'est levé aussi et lui a demandé si c'était là son dernier mot; Richelieu a pâli et s'est radouci ».

Derrière Wellington, — après Waterloo, comme disait M. Motta avec tant de justesse, — Pictet, dans le secret de ses visites ou de ses *Notes,* « prend la liberté de représenter que la Suisse a été la première à armer contre la France, qu'elle a mis quarante mille hommes sur pied, que ses troupes ont fait le siège d'Huningue, occupé Blamont, Pontarlier, Jougne, Salins, les Faucilles, l'Ecluse, Champagnole et appuyé les opérations de deux armées autrichiennes en France (20 octobre) ». Mais, en public, Pictet s'efforce de cacher ses sentiments et ses actes : « J'ai besoin de faire oublier que je fais cause commune avec les persécuteurs acharnés de la France ».

Richelieu, durant près d'un mois et demi, résiste à ces représentants du « droit de guerre ». Les Quatre « désespèrent enfin d'emporter le point relatif aux douanes sur toute la frontière de Suisse et se réduisent à accepter l'offre d'en affranchir le Pays de Gex » : Richelieu a dû faire cette offre pour éviter le pire. Il ne se résigne que le 30 octobre, puis se débat une semaine encore. Enfin, le 6 novembre, Pictet exulte en annonçant « *ce qui a été emporté à la pointe de l'épée* » : Genève obtient la zone gessienne et la promesse de la zone savoyarde, « dans un traité où la France subissait la loi de l'Europe », dira le Directoire fédéral au Conseil d'Etat de Genève, le 12 décembre 1815.

« Cette décision n'a pas été imposée à la France vaincue comme une servitude odieuse, – conclut notre plaideur genevois, — et elle n'a point été prise dans l'idée de demander en contre-partie à la Suisse de ne pas placer ses douanes à la frontière politique... C'est en invoquant le précédent de l'abonnement du Pays de Gex que Pictet réussit à convaincre le duc de Richelieu. Or, le précédent du Pays de Gex ne suppose en aucune façon l'absence de douane à la frontière du canton de Genève... ». La lettre de Turrettini nous apprenait que telle n'était pas, dans la pratique, l'exacte vérité : ce n'était pas à ses frontières que Genève avait les bureaux de son ancienne douane. Et telle n'aurait pas été la vérité de 1815 si, dans la rédaction dont il revendiquait la paternité, Pictet, en ne levant pas « le lièvre de la réciprocité », n'avait pas méconnu non seulement l'équité, mais ses engagements fondamentaux touchant « les facilités réciproques ».

Ici encore, il misa et gagna sur la légèreté, la fatigue et l'oubli des plénipotentiaires.

VI

LE « LEVIER DES PUISSANCES »

Le « dict » des douanes avait eu son plein succès contre la France au second Congrès de Paris : il valait à Genève le recul des douanes gessiennes. De nouveau, il allait servir dans les négociations de Turin pour obtenir le même recul des douanes savoyardes; mais l'heureux Pictet allait, sur ce point d'appui, user surtout du « levier des Puissances ».

Au second traité de Paris, en novembre 1815, la Savoie entière était rendue à son duc-roi sarde et piémontais, après vingt-trois ans de patriotique adhésion à la France : aux dépens de ces Savoyards « jacobins », Genève et la Suisse avaient obtenu une acquisition de territoire et l'établissement d'une zone franche sur le modèle de la zone gessienne. Les Puissances n'avaient pas voulu régler les limites de la zone ni celles du canton : elles avaient décidé qu'une négociation directe entre Turin, Genève et la Suisse les établirait. La Confédération et la République chargèrent encore Pictet de mener cette négociation « comme une suite de celle dont il avait été chargé » à Paris, — disaient les *Instructions* fédérales.

Les négociations s'ouvrirent à Turin au début de 1816. Les *Instructions* un peu défiantes du Directoire fédéral recommandaient à Pictet de soigner « avec zèle les intérêts particuliers de son canton, soit sous le rapport des douanes, soit sous tout autre rapport », mais « sans préjudice aux droits et aux intérêts généraux de la Confédération ». Pour les douanes, le Directoire renvoyait Pictet aux instructions spéciales de Genève que, seule, les zones franches et la liberté du commerce avec la Savoie regardaient. Mais, en ses *Instructions supplémentaires,* le Directoire rappela à son négociateur genevois que d'autres cantons pouvaient avoir de pareilles réclamations douanières, et il lui signala le moyen de gagner un peu sur les stipulations établies :

Le protocole du 3 novembre a fixé le reculement des douanes à une lieue au moins des frontières. *La lieue piémontaise, comme la plus grande, est celle dont il doit être question ici.* M. Pictet fera tous ses efforts pour obtenir que les douanes soient éloignées du lac, c'est-à-dire qu'il ne se fasse pas de service ni sur le lac même, ni [sur la bande côtière], dans l'intervalle entre Hermance et Saint-Gingolph. En cas de refus absolu, il cherchera à obtenir tous les allégements possibles. Il s'emploiera avec zèle, afin de procurer de la même manière le reculement des douanes en faveur des cantons du Valais et du Tessin, spécialement du côté de Saint-Gingolph.

A Turin, Pictet fit de son mieux. Il déploya toutes les flatteries, menaces et manœuvres avec marchandages (1), pour ne pas concéder au roi de Sardaigne ce que le Directoire fédéral était disposé à abandonner et pour exiger à la lettre tout ce qui pouvait légitimement ou abusivement être tiré des traités ou protocoles antérieurs.

Dès son arrivée, il s'était assuré de la collaboration active des Puissances; en rendant visite à leurs représentants, même auprès du Ministre de Russie, il avait eu grand soin de « faire ressortir les éléments libéraux dans la question des douanes » (7 janvier 1816); il semble donc qu'à Turin comme à Paris, il parla de la « disparité des positions » douanières, — « point de douanes aux frontières fédérale et genevoise, les douanes les plus vexatoires » aux frontières de la Savoie.

Après deux mois de conférences ardues et parfois hargneuses (4 janvier-16 mars 1816), le traité était enfin signé. L'article III reculait les douanes sardes de façon à créer deux zones franches, la première, la plus grande de beaucoup, autour de Genève, la seconde, toute petite, à l'autre extrémité du lac, autour de la commune valaisane de Saint-Gingolph. Aucun service de douanes ne pourrait être fait à l'intérieur de cette double zone. Mais, dans l'une et l'autre, le roi de Sardaigne demeurait

(1) Lettre du 20 février : « A force de travailler avec toute la vilenie convenable en pareille occasion, j'ai fait réduire à cent mille livres de Piémont, soit cent vingt mille francs de France, le capital que notre république donnera au roi. Comme nous étions restés sur cent cinquante mille francs de France, ma juiverie fera bénéficier la république de trente mille francs ».

libre de prendre toutes mesures administratives contre les entrepositaires, accapareurs et contrebandiers; héritière du duc de Savoie, la France d'aujourd'hui a le même droit. « Le Gouvernement de Genève, de son côté, voulant seconder les vues de S. M., prendra les précautions nécessaires pour que la contrebande ne puisse être favorisée par les habitants du Canton. » Il est aujourd'hui une contrebande fiscale dont vivent les habitants du Canton : la Genève des banques s'est faite la complice de tous les fraudeurs étrangers, qui déposent chez elle leurs capitaux, pour ne payer ni impôt sur le revenu, ni droits de succession.

L'article IV établissait la liberté des exportations de denrées, non seulement de la double zone, mais du duché tout entier, vers le marché genevois, pour les besoins de Genève, de la seule ville et de son canton; les autres cantons et villes de la Suisse ne pouvaient pas se réclamer de cette concession.

Pictet n'était pas arrivé au but sans de longs stratagèmes et des essais d'intimidation, — pour ne rien dire de plus. — En s'abouchant avec les négociateurs sardes, il avait commencé par rappeler les hautes protections, dont Genève pouvait disposer dans le concert de la Sainte-Alliance, et « les intentions véritables des Puissances Alliées, qui ne demanderaient que l'occasion de venir au secours de Genève ».

Sans « lever le lièvre de la réciprocité », il avait ensuite refusé tout abandon de ses droits et espérances, puis il avait amorcé un maquignonnage de douanes, de frontières, de libertés, d'annexions, d'indemnités pécuniaires, enfin de têtes de sujets, pour finir par une brusque mise en demeure (30 janvier) : « Si nos conférences devaient se rompre, j'aurais naturellement à m'adresser à nos protecteurs, les Quatre Puissances, pour les prier de nous mettre en possession du territoire; cela fait, je requérerais leurs bons offices pour la mise à exécution de l'*Acte* du 3 novembre ».

En manœuvrant ainsi « les leviers » sur lesquels il pouvait compter au besoin, il fit céder les négociateurs sardes, d'abord, puis le Directoire fédéral, et le Conseil de Genève enfin, car il fallut se débattre successivement contre tous pour imposer un traité qui ne donnait satisfaction qu'aux seuls intérêts des Genevois.

Certains Confédérés et le Directoire lui-même avaient espéré que toute la Suisse bénéficierait du reculement, lequel devrait en conséquence, border d'une zone continue de terre franche toute la frontière entre la Confédération et la Savoie, depuis le Rhône genevois. Pictet savait bien que, seule, Genève pouvait être en cause « pour ses subsistances » et que la zone sarde ne devait entourer que le territoire de son canton; à l'autre bout du lac, une autre zone sarde serait obtenue, mais au profit de la seule commune valaisane de Saint-Gingolph. Pictet avait néanmoins essayé, dans un texte trop habilement concis, de négliger l'intervalle entre ces deux zones, pour réserver aux Confédérés, sur toute la rive méridionale du lac, un bel avenir de chicanes et d'exigences, « rapprocher Genève du Valais » et préparer l'annexion du Chablais et du Faucigny auxquels Genève n'avait pas renoncé.

Du Rhône valaisan au Rhône genevois, en effet, cette zone continue de franchise, venant franger la zone continue de neutralité, créerait sur l'intervalle entre les deux cantons, donc sur tout le Chablais et le Faucigny, une double épaisseur de servitude douanière et militaire, dont la conséquence inévitable serait, tôt ou tard, la servitude politique, l'annexion ou la tutelle...

Les négociateurs sardes étaient habitués aux façons genevoises; ils ne donnèrent pas dans le piège : quand Pictet, cherchant à se couvrir et à laisser à d'autres la responsabilité de l'échec, leur proposa (1er février 1816) un nouveau projet de traité qui laissait en suspens « jusqu'à l'arrivée des Valaisans » la ligne de douanes au long du lac, ils acceptèrent, sachant bien que le Genevois saurait jouer les Valaisans moins exigeants ou moins retors. Sans réclamer, en effet, la franchise continue du rivage entre eux et Genève, les Valaisans se contentèrent du « reculement » promis pour leur seule commune de Saint-Gingolph, et l'on ne stipula, en fin de compte, que la franchise des eaux du lac entre les deux zones genevoise et valaisane.

Le 17 février, Pictet, faisant contre fortune belle mine, constatait que « les Valaisans sont tout enchantés de l'abolition du service des douanes sur le lac... Ils ne tarissent pas sur les éloges de Genève qui, disent-ils, leur a prêté de l'argent lorsqu'elle-même en empruntait; ils le rendront sûrement l'année prochaine »... Les Valaisans avaient payé cet emprunt bien plus cher qu'ils ne le croyaient. C'était sur eux, sur leur trop prompte et trop facile adhésion aux demandes de la Sardaigne, que Pictet et les Genevois allaient rejeter la déception des Confédérés qui serait vive : ils trouvaient déjà, non sans raison, qu'en ses négociations de Paris, de Vienne et de Paris encore, leur négociateur genevois avait fait la part bien plus belle à ses concitoyens qu'à ses compatriotes; l'agrandissement de Genève avait eu pour pendant, — certains disaient: pour condition, — la perte de la Valteline enlevée aux Grisons, donc aux Confédérés, pour être cédée à l'Autriche.

Sitôt ce grand service obtenu de la naïveté valaisane, Pictet annonça que le 1er mars, tout serait terminé, signé : les ministres sardes étaient si bien d'accord avec lui, sur tous les points, qu'il leur avait demandé son audience de congé pour le 7 mars. Mais survient le double refus de la Confédération et de Genève, qui ne veulent plus subir les conditions expressément fixées à Vienne et à Paris par les Puissances. Le roi-duc les exige, tant en ce qui regarde la neutralité du Chablais et du Faucigny qu'en ce qui touche l'exercice du culte catholique et le traitement du curé à Genève. La Confédération ergote sur les charges de la neutralité, et Genève, sur la dotation de son curé. Comme en toutes les négociations genevoises dont j'ai suivi la marche sur les pièces officielles depuis quatre siècles, il est, en outre, des intérêts privés qui veulent s'imposer aux représentants de l'Etat : M. Horace-Louis Micheli, propriétaire en zone, réclame une autre délimitation; une première rectification ne le contente pas; il écrit cinq lettres, — et il est conseiller d'Etat! — pour obtenir encore un « morceau de la commune de Compesières ».

Il faut à Pictet quinze jours de plus et des menaces pour obliger Confédérés et concitoyens à ne pas demander l'impossible. C'est contre eux, maintenant, qu'il brandit le « levier » des Puissances, auxquelles la rupture de la négociation renverra le « prononcé »; elles jugeront la conduite de chacune des parties : « Ni sur l'article de la neutralité, ni sur l'article du curé de Genève, nous n'avons de l'appui à attendre des ministres étrangers : les trois d'entre eux, dont l'avis m'est connu (le quatrième est absent), nous condamnent sur l'un et l'autre point » (6 mars 1816).

Le ministre de Prusse donne son avis, — son verdict — dans une lettre du même jour : il demande que « les stipulations arrêtées par les Puissances alliées soient remplies sans exception et que tous les obstacles... sur la reconnaissance de la neutralité soient entièrement écartés »; de même, « la dotation du curé catholique de Genève est une des obligations qui ont été imposées aux Genevois par le protocole de Vienne, et ce n'est qu'après l'avoir remplie que la cession de Carouge leur est assurée ».

Il fallut tenir les engagements que l'on avait souscrits. Pictet reçut enfin les autorisations écrites pour signer le traité (16 mars), qui écartait toutes les obscurités voulues : les douanes reculées bordaient le canton de Genève et la commune de Saint-Gingolph d'une double zone franche; mais, entre ces deux zones, la douane sarde subsistait au rivage même du lac, sans laisser la moindre lisière d'union terrienne entre la franchise genevoise et la franchise valaisane. Les négociateurs sardes avaient eu soin de spécifier l'interruption.

Le même esprit de précaution avait dicté, dans l'article IV, la réserve des « mesures générales d'administration pour les cas de disette ». Les Genevois, ne consultant que « la consommation de leur ville et canton », auraient voulu rendre obligatoirc en tout temps, quel que fût le dénûment des terres savoisiennes ou piémontaises, la libre et franche exportation « de Savoie sur Genève de toute espèce de subsistances ». C'eût été l'établissement prochain, certain, d'un monopole commercial que la richesse de Genève lui vaudrait sur les marchés, puis sur tous les intérêts et même sur les propriétés de la zone, — autre chemin rapide vers l'annexion. Le roi de Sardaigne refusa de grever son duché de cette hypothèque.

Les signatures définitives ayant été échangées le 16 mars 1816, les « raisons d'ordre pratique », pour ne pas appliquer les lois douanières de la Confédération et de Genève, disparurent comme par enchantement : l'« absence de douanes » invoquée par Pictet avait porté tous ses fruits. La loi genevoise, rétablie le 4 novembre 1815, fut donc mise en pratique par la loi du 30 mai 1816 et par l'arrêté du Conseil du 24 août 1816. La loi fédérale fut mise en application le 1er août 1816, et la perception commença le 1er octobre.

Avec ses façons coutumières, le plaideur genevois, dans le premier *Mémoire* suisse, allègue devant la Cour de La Haye :

I. — « M. V. Bérard reconnaît qu'au moment de la conclusion des traités, Genève et la Confédération avaient le droit et la volonté de mettre des douanes à la frontière... »

Je n'ai jamais discuté qu'un droit : celui du négociateur fédéral à nier qu'au moment de la conclusion des traités, Genève et la Confédération non seulement avaient la volonté d'avoir des douanes, mais étaient obligées d'en avoir et les avaient déjà légalement établies.

II. — « M. Bérard se trompe en disant pour ce traité de Turin que les *signatures* définitives furent échangées avant l'établissement légal de la douane fédérale et cantonale, puisque la loi de Genève est du 30 mai 1816, l'arrêté de la Diète du 1er août 1816, sa promulgation à Genève du 14 août 1816 et celle de la loi cantonale du 16 septembre, tandis que la *ratification* du traité de Turin par le roi de Sardaigne n'intervient que le 15 juin 1816 et l'échange des *ratifications* que le 23 septembre 1816. »

C'est toujours le même jeu de paroles : j'ai dit « signature »; on m'oppose « ratification »... Le traité de Turin fut *signé* définitivement le 16 mars, après deux semaines de demi-signatures engagées, puis retirées. Quand Pictet quitta Turin le 17 mars pour regagner Genève, sa mission terminée, il était assuré par le consentement écrit des deux parties et par le « levier » des Puissances que les ratifications ne pouvaient faire doute : les lois douanières de Genève et de la Confédération furent donc définitivement promulguées après la *signature* et avant les *ratifications* de ce traité de Turin, que Pictet jugeait ainsi dans son *Rapport* au Directoire fédéral (17 mars) :

Le but de ma mission avait quelque chose d'odieux à la cour de Turin... Dans les dispositions réalisées par le protocole de Vienne (29 mars 1815) et encore étendues aux dépens du roi [à Paris] (3 novembre), tout paraissait dicté par un sentiment de bienveillance pour Genève, et les Puissances, en stipulant de telles faveurs, pouvaient être considérées à Turin comme n'ayant pas soigné avec une égale sollicitude les intérêts du roi.

« La force de ma négociation, — ajoutait Pictet, — était sans doute dans l'appui que je pouvais espérer des ministres des Quatre Puissances... : ils montrèrent beaucoup d'intérêt à notre cause...; mais je les priai de s'interdire toute expression ou manifestation de sentiments qui pût persuader au ministre sarde que je comptais sur eux pour faire ligue et lui forcer la main... La manière tranchée, dont ensuite les ministres des Puissances se sont expliqués, sur deux points, en faveur du roi, ne laissait pas de doute sur la convenance du consentement à y donner... ». Il fallut cette manière tranchée pour ramener Genève et la Diète au simple respect des protocoles mêmes qui les avaient si fort avantagées :

C'est un singulier rapprochement que la délicatesse si effarouchable du gouvernement de Genève sur sa souveraineté, à l'occasion de ce que le roi demande l'exécution d'un article déjà arrêté et convenu à Vienne, tandis que S. M. *est forcée* de laisser entamer ses droits de souveraineté par des stipulations humiliantes du même *Acte*... On exige du roi qu'il retire sa ligne de douanes dans une zone de son propre territoire! On restreint ainsi d'une manière nouvelle et inouïe le droit de tout souverain de faire chez lui ce qui lui plaît! On le condamne en même temps à des sacrifices pécuniaires ou, du moins, à des pertes calculées, à l'abandon de son territoire et de ses sujets, tout cela pour arranger la république de Genève! Le roi y consent. Mais quand il demande ce qu'il a le droit de demander *en conséquence d'un article précis du protocole qui nous fait la loi à tous*, le gouvernement de Genève crie à l'infraction des droits de sa souveraineté!

Ainsi parlait le ministre sarde. Le *Contre-Mémoire* suisse (p. 13) déclare aujourd'hui que cette négociation de Turin fut « relativement libre: la Suisse et la Sardaigne, à la condition de se mettre d'accord, conservaient la faculté de contracter librement ». Le français-fédéral a des ressources admirables! : la liberté, sous la menace et l'intervention continue des Puissances!... On comprend que les dires de Pictet sur les douanes semblent au plaideur genevois d'une loyauté exempte de tous reproches et que les traités de 1815-16, appuyés sur ces dires, lui paraissent d'une honnêteté et d'une validité qui défient les siècles des siècles.

Mais les allégations douanières de Pictet ne laisseront guère aux esprits de bonne foi que le choix entre trois décisions :

ou les traités de 1815-1816, conclus sur ces déclarations officielles du négociateur fédéral, impliquaient et impliquent encore l'obligation pour Genève et pour la Confédération de maintenir cette absence de douanes; l'établissement des douanes cantonales-fédérales en 1816 et de la douane fédérale en 1849 constitue donc une violation des traités;

ou la Suisse de 1815-1816 a gardé le droit de modifier à sa guise son régime douanier; mais l'établissement de sa ligne douanière a changé la condition fondamentale sur laquelle reposait l'existence des zones; la France et la Savoie ont donc été, de ce fait et dès lors, libérées de leurs obligations zonières;

ou les obligations zonières de la Savoie et de la France n'ont pas été supprimées *ipso facto;* mais l'une et l'autre ont eu désormais un titre imprescriptible à réclamer l'abolition de cette servitude, et ce titre ne saurait leur être nié aujourd'hui.

TABLE DES MATIÈRES

IMPRIMERIE MODÈLE
ISSY-LES MOULINEAUX

Genève, la France et la Suisse, par VICTOR BÉRARD :

Tome I (1815-1860)	Tome III (1919-1921)
Tome II (1861-1919)	Tome IV (1921-1927)

Les 4 volumes in-4° (28,5×23) sur papier d'alfa, 2.076 pages, brochés.

(Il a été tiré de cet ouvrage 8 exemplaires sur papier pur fil Lafuma).

L'Angleterre d'après-guerre et le Conflit houiller. *Étude de psychologie sociale,* par F. DELATTRE. In-8° carré (14×22), 440 pages, broché.

Les États-Unis d'aujourd'hui, par ANDRÉ SIEGFRIED. In-8° (14×22), 362 pages, *8 cartes et figures* (6ᵉ édition), broché.

L'Amérique latine et l'Impérialisme américain, par L. GUILAINE. In-16, broché.

Foules d'Asie, par ÉTIENNE DENNERY : *Surpopulation japonaise — Expansion chinoise — Émigration indienne.* In-16, broché.

Histoire politique de l'Europe contemporaine, par CHARLES SEIGNOBOS : *Évolution des partis et des formes politiques (1814-1914).* — Nouvelle édition entièrement refondue et considérablement augmentée, en 2 volumes :

Tome I. In-8° raisin (16×25), XIV-536 pages, broché.

Tome II. In-8° raisin, 694 pages, broché.

Chaque volume est vendu également relié demi-chagrin, tête dorée.

10861. — Paris. — Imp. Hemmerlé, Petit et Cⁱᵉ. 10-1930.

www.ingramcontent.com/pod-product-compliance
Ingram Content Group UK Ltd.
Pitfield, Milton Keynes, MK11 3LW, UK
UKHW022054260726
13993UKWH00001B/107

9 782329 180939